CURSO INTENSIVO DE ESPAÑOL

NIVELES DE INICIACIÓN Y ELEMENTAL
EJERCICIOS PRÁCTICOS

JESÚS FERNÁNDEZ
Universidad de Madrid

RAFAEL FENTE
Universidad de Granada

JOSÉ SILES
Universidad de Madrid

Curso intensivo de español

(NUEVA EDICIÓN)

EJERCICIOS PRÁCTICOS

NIVELES DE **INICIACIÓN** Y ELEMENTAL

SGEL

SOCIEDAD GENERAL ESPAÑOLA DE LIBRERÍA, S. A.

Primera edición, 1990 (edición renovada)
Segunda edición, 1992
Tercera edición, 1993
Cuarta edición, 1994
Quinta edición, 1995

Produce: SGEL-Educación
         Marqués de Valdeiglesias, 5-1.º - 28004 MADRID

ISBN: 84-7143-413-X
Depósito Legal: M. 15.723-1995
Impreso en España - Printed in Spain

Cubierta: Erika Hernández

Compone e imprime: NUEVA IMPRENTA, S. A.
Encuaderna: F. MÉNDEZ

INTRODUCCIÓN

Nos es grato presentar a los profesores y estudiantes de español como segunda lengua este libro: Curso intensivo de español, niveles de **iniciación** y elemental, *que completa la serie de* Ejercicios prácticos *ya consolidada desde hace muchos años en el mundo de la enseñanza de español a extranjeros, con sus dos títulos anteriores* (Niveles elemental-intermedio *e* intermedio-superior).

El presente volumen, cuya necesidad nos parece evidente, es el último en el orden cronológico, pero el primero en el didáctico, y es eslabón fundamental de un proyecto largamente ambicionado por nosotros, a saber, tres volúmenes graduados y consecutivos y una gramática que los acompaña.

Con esta obra pretendemos iniciar al alumno principiante absoluto en el manejo de la lengua española de una manera armónica y gradual. Constituye un instrumento que permite tanto al profesor como al estudiante emprender el estudio de la lengua desde el punto cero. Además, el libro está estructurado de tal modo que al término de los dos ciclos que lo constituyen el alumno estará plenamente capacitado para adentrarse en el siguiente volumen de la serie.

Para conseguir dicho objetivo hemos limitado conscientemente los problemas morfosintácticos y léxicos y se ha puesto énfasis en los problemas morfológicos, específicos de este nivel. Desde el punto de vista sintáctico, tratamos exclusivamente la oración simple. Desde el punto de vista morfológico, se ha pormenorizado al máximo la totalidad de los problemas de género, número, flexiones verbales de los tiempos simples del indicativo, etc., pero se ha excluido totalmente el modo subjuntivo y tiempos compuestos del verbo (a excepción del pretérito perfecto) por pertenecer al ámbito de la oración compuesta. Desde el punto de vista léxico, hemos hecho una selección rigurosa del número de vocablos, modismos y expresiones que habían de aparecer en los distintos ejercicios y se ha conseguido una síntesis de mil palabras representativas de la totalidad de los campos semánticos de interés práctico a nivel de iniciación.

Es muy importante resaltar que el libro está concebido de tal modo que permite un doble manejo. Por un lado, se puede utilizar como un libro de ejercicios tradicional, es decir, el alumno puede concentrar su atención en el estudio de aspectos concretos de la lengua según sus necesidades específicas en momentos determinados. Por otro lado, esta obra puede ser manejada como un método, siguiendo linealmente su secuencialización.

Para seguir una u otra vía se observará que el libro cuenta con dos índices distintos, pero complementarios. El primero es un índice por unidades didácticas, pormenorizado al máximo en cuanto a las características de cada ejercicio, hasta tal punto que los epígrafes explican por sí mismos la finalidad de cada uno. El segundo es un índice alfabético por conceptos gramaticales que permite la fácil búsqueda de los temas que interese practicar. Insistimos, pues, en que este doble índice supone una considerable ventaja en economía de tiempo y en efectividad didáctica.

El libro va acompañado de una Clave y guía didáctica en la que se dan las soluciones de todos los ejercicios y, además, se ofrecen al profesor unas sugerencias en línea con nuestra propia visión pedagógica.

Por último, sólo nos queda testimoniar nuestro profundo agradecimiento a tantos y tantos profesores y alumnos que vienen depositando su confianza en nosotros desde hace muchos años y gracias a cuyas numerosas sugerencias ha sido posible este empeño. A todos va dedicado el libro.

RAFAEL FENTE GÓMEZ
JESÚS FERNÁNDEZ ÁLVAREZ
JOSÉ SILES ARTÉS

Majadahonda (Madrid), verano de 1982.

NOTA A LA QUINTA EDICIÓN

Reanuda *Curso Intensivo de español,* niveles de *iniciación* y *elemental* con ésta su quinta edición revisada, corregida y aumentada, una nueva andadura, al ir acompañado —como es el caso de los otros dos libros de la serie— por una **Gramática** que cierra y completa la enseñanza de español en sus tres niveles didácticos.

He seguido para la nueva edición el criterio ya establecido en toda la serie: que es forzoso seleccionar, limitar y adaptar el léxico y estructuras sintácticas a cada nivel de enseñanza y más aún tratándose de un nivel elemental como es el caso presente. Digo esto para hacer notar que no todo lo que aparentemente falta en el libro es consecuencia de olvido o negligencia, sino de una muy pensada y meditada visión metodológica. El libro va acompañado, al igual que en ediciones anteriores, por una *Clave de ejercicios* y una *Guía didáctica* a la que una vez más remitimos al profesor y estudiante interesados en su mejor comprensión y funcionamiento.

Gracias de nuevo a tantos colegas y alumnos de todo el mundo que desde hace mucho tiempo vienen depositando en *Curso Intensivo de español* su confianza. Esperemos que esa confianza no se vea defraudada en esta nueva edición.

JESÚS FERNÁNDEZ ÁLVAREZ

Majadahonda (Madrid), mayo de 1990.

ÍNDICE POR UNIDADES DIDÁCTICAS

PRIMER CICLO

		N.º de ejercicio	Pág.
UNIDAD 1:	**Ser.** Presente de indicativo (singular). Expresión de la identidad (nombres de personas). Morfología	1	28
	Ser. Presente de indicativo (plural). Expresión de la identidad.	2	28
	Pronombres personales sujeto con **ser** (1.ª y 2.ª persona singular y plural). Expresión de la identidad. Morfología ...	3	28
	Género del sustantivo **(o/a).** Morfología	4	29
	Fórmulas de cortesía. Expresiones de saludo y despedida. Ejercicio de léxico	5	29
UNIDAD 2:	Pronombres personales sujeto con el presente de **ser** (3.ª persona singular y plural y 2.ª de respeto). Expresión de la identidad. Morfología	6	31
	Presente de **ser** con **quién(es).** Expresión de la identidad. Morfología	7	31
	Elipsis de **ser** con nombres de personas. Expresión de la identidad	8	32
	Género del sustantivo **(o/a).** Morfología	9	32
	Lectura de numerales cardinales (0-5)	10	32
	Nombres de países y habitantes. Ejercicio de léxico	11	33
UNIDAD 3:	Presente de **ser** con **quién(es)** para expresar identidad. Morfología	12	35
	Presente de **ser** (singular) con gentilicios. Morfología	13	35
	Presente de **ser** (singular, negativa) con gentilicios. Morfología	14	35
	Género del sustantivo **(Ø/a).** Morfología	15	36
	Lectura de numerales cardinales (6-10)	16	36
	Fórmulas de cortesía **(por favor, perdón, de nada, gracias).** Ejercicio de léxico	17	36

9

		N.º de ejercicio	*Pág.*
UNIDAD 4:	Presente de **ser** (interrogativa) con la forma usted y gentilicios. Morfología	18	38
	Presente de **ser** (interrogativa-negativa) con nombres de persona y gentilicios. Morfología	19	38
	Artículo indeterminado (singular). Género. Morfología ...	20	39
	Lectura de numerales cardinales (11-15)	21	39
	Nombres de comidas y bebidas. Ejercicio de léxico	22	39
	Nombres de países y ciudades. Ejercicio de léxico	23	40
UNIDAD 5:	Presente de **estar** (singular) con los adverbios **aquí** y **allí**. Morfología	24	42
	Presente de **estar** (plural) con los adverbios **aquí** y **allí**. Morfología	25	42
	Omisión de **estar** con **aquí** y **allí**	26	42
	Artículo indeterminado singular (género). Morfología	27	43
	Número del sustantivo (Ø/s), con inclusión del artículo determinado. Morfología	28	43
	Lectura de numerales cardinales (16-20)	29	43
	Nombres de alimentos y condimentos. Ejercicio de identificación	30	43
UNIDAD 6:	Presente de **estar** con **dónde** y los adverbios **aquí** y **allí**. Morfología	31	45
	Presente de **estar** (negativa) + **en** + topónimos. Morfología ...	32	45
	Presente de **estar** (interrogativa-negativa) + **en** + topónimos. Morfología	33	45
	Presente de **estar** (negativa) con **bien** y **mal**	34	46
	Número del sustantivo (Ø/s) con inclusión del artículo determinado. Morfología	35	46
	Adjetivos de colores. Ejercicio de léxico	36	46
UNIDAD 7:	Presente de **estar** (interrogativa) con **cómo**. Respuestas con **bien** y **mal**. Morfología	37	48
	Presente de **estar** (interrogativa) con **cómo**. Respuestas con **bien** y **mal**. Morfología	38	48
	Número del sustantivo (Ø/es) con inclusión del artículo determinado. Morfología	39	49
	Demostrativos (este, -a, -os, -as). Adjetivos. Género y número. Morfología	40	49
	Nombres de los meses del año. Ejercicio de léxico	41	49
UNIDAD 8:	Presente de **tener** (afirmativa). Morfología	42	51
	Presente de **tener** (interrogativa). Morfología	43	51
	Número del sustantivo (Ø/es) con inclusión del artículo determinado. Morfología	44	52
	Demostrativos (este, -a, -os, -as). Adjetivos. Género y número. Morfología	45	52

		N.º de ejercicio	Pág.
	Preguntas con **dónde** y **estar**. Ejercicio de creación	46	52
	Nombres de meses del año. Ejercicio de léxico	47	52
UNIDAD 9:	Presente. Verbos regulares en **-ar**. Morfología	48	54
	Presente. Verbos regulares en **-ar**, en oraciones. Morfología.	49	54
	Presente. Verbos regulares en **-er**. Morfología	50	54
	Presente. Verbos regulares en **-er**, en oraciones. Morfología.	51	55
	Demostrativos **(ese, -a, -os, -as)**. Adjetivos. Morfología ...	52	55
	Modismos con **tener**. Ejercicio de léxico	53	55
	Modismos con **tener** (preguntas **por qué**; respuestas **porque**).	54	55
UNIDAD 10:	Presente. Verbos regulares en **-ir**. Morfología	55	57
	Presente. Verbos regulares en **-ir**. Morfología. Ejercicio de relación	56	57
	Género del sustantivo. Masculinos en **-a** y femeninos en **-o**. Casos especiales. Morfología	57	57
	Número. Sustantivos invariables con inclusión del artículo determinado. Morfología	58	58
	Demostrativos **(ese, -a, -os, -as)**. Adjetivos. Género y número. Morfología	59	58
	Ejercicio de recopilación de léxico	60	58
	Ejercicio de recopilación de léxico	61	58
UNIDAD 11:	Presente. Verbos de irregularidad común en **-ar (e/ie)**. Morfología	62	60
	Presente. Verbos de irregularidad común en **-er** e **-ir (e/ie)**. Morfología	63	60
	Presente. Verbos de irregularidad común. Recopilación. Morfología	64	60
	Demostrativos **(aquel, -lla, -llos, -llas)**. Adjetivos. Morfología.	65	61
	Lectura de numerales cardinales (decenas)	66	61
	Expresiones y exclamaciones lexicalizadas. Ejercicio de léxico.	67	61
UNIDAD 12:	Presente. Verbos de irregularidad común **(o/ue)**. Morfología.	68	63
	Presente. Verbos de debilitación vocálica en **-ir (e/i)**. Morfología	69	63
	Presente. Verbos de cambio ortográfico **(g/j** y **c/z)**. Verbos en **-ger, -gir** y **-cer**. Morfología	70	63
	Demostrativos **(aquel, -lla, -llos, -llas)**. Adjetivos. Morfología.	71	64
	Lectura de numerales cardinales	72	64
	Artículo indeterminado singular. Género. Morfología	73	64
	Léxico verbal. Contestación a preguntas con **para qué sirve**. Ejercicio de léxico	74	64
UNIDAD 13:	Presente. Verbos de cambio ortográfico en **-cer** y **-cir (c/zc)**. Morfología	75	67
	Presente. Verbos de cambio ortográfico **(i/y)**. Morfología ...	76	67

11

		N.º de ejercicio	Pág.

Presente. Verbos con diptongación **(u/ue)**. Caso especial: **jugar** 77   67

Demostrativos. Recopilación. Morfología 78   67

Adjetivo calificativo. Género y número. Concordancia con el sustantivo. Morfología **(o/a)**. 79   68

Lectura de numerales. Expresión de la hora (procedimiento tradicional) 80   68

Lectura de numerales. Expresión de la hora con **ser** 81   68

Léxico de clase. Contestación a preguntas con **dónde está**. Ejercicio de léxico 82   69

UNIDAD 14: Presente. Verbos de irregularidad propia **(dar, ir, hacer y venir)**. Morfología 83   71

Presente. Verbos de irregularidad propia **(oír, poner, saber)**. Morfología 84   71

Presente. Verbos de irregularidad propia **(salir, traer, ver)**. Morfología 85   71

Adjetivos posesivos **(mi, mis)**. Morfología 86   72

Género del adjetivo calificativo y concordancia con el sustantivo **(Ø/a)**. Morfología 87   72

Pronombres personales sujeto y objeto (personas 1.ª, 2.ª y 3.ª del singular). Morfología 88   72

Pronombres personales sujeto y objeto (plural). Morfología. 89   72

Demostrativos. Correspondencia con adverbios de lugar. Morfología 90   73

Expresión de la hora. Procedimiento internacional 91   73

UNIDAD 15: Presente. Verbos de irregularidad propia **(decir, poder, poner)**. Morfología 92   75

Presente de **haber**. Morfología 93   75

Género del sustantivo. Masculinos y femeninos en **-e** con adición del artículo determinado. Morfología 94   75

Adjetivos posesivos **(tu, tus)**. Morfología 95   75

Género. Adjetivos invariables. Morfología 96   76

Uso de las contracciones **al** y **del**. Sintaxis 97   76

Expresión de la hora con **ser a** (=**tener lugar)**. Morfosintaxis. 98   76

Nombres de prendas de vestir. Ejercicio de léxico 99   77

UNIDAD 16: Imperativo. Verbos regulares en **-ar** (tú, vosotros, -as). Morfología 100   79

Imperativo negativo. Verbos en **-ar** (tú, vosotros, -as). Morfología 101   79

Imperativo. Verbos en **-ar** (usted, ustedes). Morfología ... 102   80

Género del sustantivo. Masculinos y femeninos en **-l**. Morfología 103   80

Adjetivos posesivos **(nuestro, -a, -os, -as)**. Morfología 104   80

Artículo indeterminado **(un, -a, -os, -as)**. Morfología 105   81

12

		N.º de ejercicio	Pág.

Lectura de numerales en contexto. Pesos y medidas 106 81
Antónimos de adjetivos. Ejercicio de léxico 107 81

UNIDAD 17: Imperativo. Verbos regulares en **-er** (vosotros, -as). Morfología 108 83
Imperativo negativo. Verbos en **-er** (tú, vosotros, -as). Morfología 109 83
Imperativo afirmativo y negativo. Verbos en **-er** (usted, ustedes). Ejercicio de transformación. Morfología 110 84
Pronombres personales pleonásticos con **gustar**. Morfosintaxis 111 84
Adjetivos posesivos **(vuestro, -a, -os, -as)**. Morfología 112 85
Comparación del adjetivo. Grado de superioridad **(más ... que)**. Morfosintaxis 113 85
Presente del verbo **gustar** en contexto. Morfosintaxis 114 85
Lectura de las letras del alfabeto 115 85

UNIDAD 18: Imperativo. Verbos regulares en **-ir** (tú, vosotros, -as). Morfología 116 87
Imperativo negativo. Verbos regulares en **-ir** (tú, vosotros, -as). Morfología 117 87
Imperativo afirmativo y negativo (usted, ustedes). Transformación. Morfología 118 88
Adjetivos posesivos **(su, sus)**. Morfología 119 88
Comparación del adjetivo. Grado de igualdad **(tan ... como)**. Morfosintaxis 120 88
Lectura de la letras del alfabeto 121 89
Expresión de pesos y medidas. Ejercicio de creación 122 89
Nombres de animales domésticos. Ejercicio de léxico 123 89

UNIDAD 19: Imperativo. Verbos de irregularidad común en **-ar** y **-er (e/ie)**. Morfología 124 91
Imperativo negativo. Verbos de irregularidad común en **-ar** y **-er (e/ie)**. Morfología 125 91
Número del sustantivo. Cambio ortográfico **(z > ces)**. Morfología 126 92
Adjetivos posesivos. Recopilación. Morfología 127 92
Adjetivo. Grado superlativo con **muy**. Ejercicio de transformación. Morfosintaxis 128 92
Lectura de las letras del alfabeto 129 93
Nombres de tiendas y establecimientos. Ejercicio de léxico. 130 93

UNIDAD 20: Imperativo. Verbos de irregularidad común en **-ar** y **-er (o/ue)** (tú, usted, ustedes). Morfología 131 95
Imperativo negativo. Verbos de irregularidad común en **-ar** y **er (o/ue)**. Morfología 132 95
Pronombres posesivos de 1.ª y 2.ª personas. Morfosintaxis. 133 95
Lectura de numerales ordinales (1.º-5.º) 134 96

13

		N.º de ejercicio	Pág.

Numerales ordinales **primer, tercer** (apócopes). Morfología. ... 135 ... 96
Numerales ordinales en contexto (1.º-5.º). Morfosintaxis ... 136 ... 96
Ejercicio de recopilación de léxico .... 137 ... 97
Ejercicio de recopilación de léxico .... 138 ... 97

UNIDAD 21: Imperativo. Verbos de debilitación vocálica en **-ir (e/i)** (tú, usted, ustedes). Morfología .... 139 ... 99
Imperativo negativo. Verbos de debilitación vocálica en **-ir (e/i)** (tú, usted, ustedes). Morfología .... 140 ... 99
Imperativo negativo. Verbos de cambio ortográfico. Recopilación. Morfología .... 141 ... 99
Lectura de numerales ordinales (6.º-10.º) .... 142 ... 100
Pronombres posesivos de 2.ª y 3.ª personas. Morfología ... 143 ... 100
Numerales ordinales y días de la semana .... 144 ... 100
Uso del artículo determinado con días de la semana. Morfosintaxis .... 145 ... 101
Modismos con **hacer.** Ejercicio de léxico .... 146 ... 101

UNIDAD 22: Imperativo. Verbos de irregularidad propia (tú). Morfología. 147 ... 103
Imperativo afirmativo y negativo. Verbos de irregularidad propia (tú). Morfología .... 148 ... 103
Días de la semana precedidos del artículo determinado. Ejercicio de creación .... 149 ... 104
Género. Adjetivos invariables .... 150 ... 104
Uso del verbo **caer** con meses y estaciones del año. Ejercicio de creación .... 151 ... 104
Expresión de la fecha con **ser.** Ejercicio de creación ...... 152 ... 104
Nombres de lenguas. Ejercicio de léxico con **qué** y **cuál** ... 153 ... 105

UNIDAD 23: Expresión del futuro inmediato con **ir a**+infinitivo ...... 154 ... 107
Expresión del futuro inmediato con **ir a**+infinitivo+expresiones de tiempo .... 155 ... 107
Imperativos irregulares afirmativos y negativos. Formas de respeto. Morfología .... 156 ... 108
Imperativo. Verbos de irregularidad propia (vosotros). Morfología .... 157 ... 108
Usos de **caer** y **ser** con fechas y meses del año. Ejercicio de creación .... 158 ... 108
Respuestas a preguntas con **con qué.** Léxicos de medios e instrumentos varios .... 159 ... 109

UNIDAD 24: Pretérito indefinido de **ser** con ordinales. Morfosintaxis ... 160 ... 111
Pretérito indefinido de **ser** con ordinales (forma interrogativa). Morfosintaxis .... 161 ... 111
Pretérito indefinido de **ser** con ordinales (forma negativa). Morfosintaxis .... 162 ... 111
Verbo **ser** y días de la semana. Ejercicio de creación ...... 163 ... 112

		N.º de ejercicio	Pág.
	Ejercicio de acentuación	164	112
	Nombres de habitaciones de la casa. Ejercicio de léxico ...	165	112
UNIDAD 25:	Pretérito indefinido del verbo **ser** con ordinales (forma interrogativa-negativa). Morfosintaxis	166	114
	Pretérito indefinido de **estar** con el adverbio **ayer**. Morfosintaxis	167	114
	Pretérito indefinido de **estar** con **ayer**. Ejercicio de creación.	168	114
	Pronombres reflexivos. Morfología	169	115
	Pronombres reflexivos en contexto. Morfología	170	115
	Verbos reflexivos y expresión de la hora. Ejercicio de creación.	171	115
	Preguntas con **con qué** y léxico de artículos de aseo personal. Ejercicio de creación léxica	172	116
UNIDAD 26:	Pretérito indefinido de verbos regulares en **-ar**. Morfología.	173	118
	Pretérito indefinido de verbos regulares en **-er** e **-ir**. Morfología	174	118
	Pretérito indefinido, en oraciones. Recopilación de verbos regulares	175	118
	Pretérito indefinido (interrogativa). Recopilación de verbos regulares. Morfosintaxis	176	119
	Verbos reflexivos (presente) en oraciones	177	119
	Verbo **llamarse**. Ejercicio de creación	178	119
	Modismos con **tener**. Ejercicio de léxico	179	119
	Modismos con **tener**. Preguntas con **por qué**; respuestas **porque**	180	120
UNIDAD 27:	Pretérito indefinido. Verbos de irregularidad propia (**tener, poder, andar, saber, poner**). Morfología	181	122
	Pretérito indefinido. Verbos de irregularidad propia (**poder, andar, saber, poner**). Recopilación en oraciones. Morfología	182	122
	Pretérito indefinido. Verbos de irregularidad propia (**hacer, decir, venir, querer** y **dar**). Morfología	183	123
	Pretérito indefinido. Verbos de irregularidad propia (**ir, traer, poder**). Morfología	184	123
	Pretérito indefinido. Verbos de irregularidad propia. Recopilación	185	124
	Lectura de numerales en contexto. Recopilación de cardinales y ordinales	186	124
	Uso de **tener** en la expresión de la edad con nombres de parentesco. Ejercicio de creación	187	124
UNIDAD 28:	Pretérito indefinido. Verbos de irregularidad propia. Recopilación	188	126
	Pretérito imperfecto. Verbos regulares en **-ar**. Morfología.	189	126

		N.º de ejercicio	Pág.

Pretérito imperfecto. Verbos regulares en **-er** e **-ir**. Morfología 190 127

Pretérito imperfecto. Recopilación de verbos regulares. Morfología 191 127

Pretérito imperfecto. Verbos regulares. Recopilación en oraciones 192 127

Lectura de signos matemáticos. Uso de **ser** 193 128

Nombres de países y ciudades. Ejercicio de léxico 194 128

UNIDAD 29:

Pretérito imperfecto de **ser**. Morfología 195 130

Pretérito imperfecto de **ver**. Morfología 196 130

Pretérito imperfecto de **ir** en contexto 197 130

Pretérito imperfecto de **ser, ir** y **ver** en oraciones. Recopilación 198 131

Pretérito imperfecto de **ser, ir** y **ver** en oraciones. Recopilación 199 131

Para+infinitivo. Ejercicio de creación 200 131

Léxico adjetival para responder a **cómo es (son)** 201 131

UNIDAD 30:

Futuro simple. Verbos regulares en **-ar, -er** e **-ir**. Morfología. 202 134

Futuro simple. Verbos de irregularidad propia (**tener, venir, poner, salir** y **haber**). Morfología 203 135

Futuro simple. Verbos de irregularidad propia (**saber** y **poder**). Morfología 204 135

Futuro simple. Verbos de irregularidad propia (**decir, hacer** y **querer**). Morfología 205 135

Forma verbal **hay** impersonal. Ejercicio de creación 206 135

Forma verbal **hay** impersonal con pronombres interrogativos. Ejercicio de creación 207 136

Ejercicio de acentuación 208 136

Ejercicio de recopilación de léxico 209 137

UNIDAD 31:

Condicional simple. Verbos regulares. Morfología 210 139

Condicional simple. Verbos irregulares (**tener, haber, venir**). Morfología 211 139

Condicional simple. Verbos irregulares (**decir, hacer, querer**). Morfología 212 140

Condicional simple. Verbos irregulares (**saber, poder**). Morfología 213 140

Expresión de la finalidad (**para qué sirve**). Ejercicio de creación. Léxico verbal 214 140

Recopilación de léxico 215 140

UNIDAD 32:

Presente del verbo **haber**. Morfología 216 142

Presente de **haber**. Morfología 217 142

Participios pasados regulares. Verbos en **-ar**. Morfología ... 218 142

Participios pasados regulares. Verbos en **-er** e **-ir**. Morfología. 219 143

16

	N.º de ejercicio	Pág.
Pretérito perfecto. Verbos regulares. Morfología	220	143
Preguntas con la fórmula **por dónde**	221	144
Preguntas con la fórmula **cómo le va**	222	144
Nombres de monedas de curso legal. Ejercicio de léxico ...	223	144

SEGUNDO CICLO

		N.º de ejercicio	Pág.
UNIDAD 33:	Presente de **ser** con sustantivos de profesión, actividad y oficio. Morfosintaxis	224	146
	Presente de **ser** (negativo) con sustantivos de profesiones y oficios. Morfosintaxis	225	146
	Presente de **ser** con nombres de profesiones, actividades y oficios. Ejercicio de creación	226	147
	Presente de **ser** con nombres de profesiones, actividades, oficios, etc. (preguntas con **qué** y **cuál**). Morfosintaxis	227	147
	Antónimos de adjetivos en oraciones. Ejercicio de léxico	228	147
	Nombres de comidas del día. Ejercicio de léxico	229	148
UNIDAD 34:	Presente de **ser** con adjetivos de religión. Morfosintaxis	230	150
	Presente de **ser** con adjetivos de religión (preguntas con **cuál**). Morfosintaxis	231	150
	Expresión de la posesión o pertenencia con **ser de**+sustantivo	232	151
	Expresión de la posesión o pertenencia con **ser de** (preguntas con **de quién**). Ejercicio de creación	233	151
	Indefinidos. Contraste entre **algo** y **nada**. Sintaxis	234	151
	Modismos verbales varios. Ejercicio de léxico	235	152
UNIDAD 35:	**Ser de** con sustantivos de materia. Morfosintaxis	236	154
	Ser de con sustantivos de materia (preguntas con **de qué**). Ejercicio de creación	237	154
	Ser de con sustantivos de materia. Ejercicio de relación	238	155
	Expresión del origen con **ser de**+nombre de ciudad, región o provincia. Ejercicio de creación	239	155
	Expresión del origen con **ser de**+gentilicios (preguntas con **de dónde**). Ejercicio de creación	240	155

	N.º de ejercicio	Pág.
Indefinidos. Contraste entre **todo** y **nada**. Sintaxis	241	156
Exclamaciones con la partícula **qué**	242	156

UNIDAD 36: Uso de **ser** en oraciones impersonales (**ser** + adjetivo). Ejercicio de creación 243 158
Uso de **ser** en oraciones impersonales (**ser** + adjetivo). Ejercicio de creación 244 158
Expresión de la identidad o naturaleza con **ser**. Morfosintaxis. 245 159
Expresión del origen con **ser de**. Ejercicio de creación 246 159
Indefinidos. Contraste entre **alguien** y **nadie**. Sintaxis 247 159
Expresiones preposicionales con medios de locomoción (preguntas con **cómo se va**). Ejercicio de léxico 248 160

UNIDAD 37: **Ser** con adjetivos de color (preguntas con **de qué**). Ejercicio de relación 249 162
Uso de las formas apocopadas **buen** y **mal** con **ser**. Sintaxis. 250 162
Contraste entre **bueno** y **malo**. Ejercicio de sustitución con **ser**. 251 163
Contraste entre **siempre** y **nunca**. Ejercicio de sustitución ... 252 163
Exclamaciones varias en contexto 253 163
Exclamaciones varias. Ejercicio de creación 254 163

UNIDAD 38: Expresión del lugar o localización con **estar en** (preguntas con **en qué**). Ejercicio de creación 255 165
Expresión del lugar o localización con **estar en**. Ejercicio de creación 256 165
Estar con expresiones adverbiales de posición. Ejercicio de creación 257 166
Estar con expresiones adverbiales de posición (preguntas con **dónde**). Ejercicio de creación 258 166
Uso obligatorio de **estar** con adjetivos de estado. Ejercicio de creación 259 166
Contraste entre **siempre** y **nunca**. Expresión de la doble negación. Sintaxis 260 166
Ejercicio de creación con monedas extranjeras 261 167

UNIDAD 39: **Ser** y **estar** contrastados. Expresión de la identidad y situación. Recopilación. Sintaxis 262 169
Ser y **estar**, contrastados; con adjetivos de cualidad y estado. Sintaxis 263 169
Ser y **estar** con adjetivos que sólo admiten uno u otro verbo. Sintaxis 264 170
Indefinidos. Uso de **bastante(s)**. Morfosintaxis 265 170
Verbos con régimen preposicional (**a, de**). Sintaxis 266 170
Exclamaciones varias en contexto 267 171
Exclamaciones varias. Ejercicio de creación 268 171

UNIDAD 40: **Ser** y **estar** contrastados, con expresiones temporales y de lugar. Sintaxis 269 173

19

		N.º de ejercicio	Pág.

Ser y estar con adjetivos que sólo admiten uno u otro verbo. Sintaxis 270 173
Ser y llegar contrastados (impersonalización ≠ personalización) con tarde y temprano. Sintaxis 271 173
Adjetivos bueno, -a, -os, -as y malo, -a, -os, -as. Recopilación. 272 174
Ejercicio de recopilación de léxico 273 174
Ejercicio de recopilación de léxico 274 175

UNIDAD 41: Presente. Verbos de irregularidad común (e/ie). Morfología. 275 177
Presente. Verbos de irregularidad común (o/ue). Morfología. 276 177
Presente. Verbos de debilitación vocálica (e/i). Morfología. 277 178
Géneros de los sustantivos. Masculinos y femeninos irregulares. Morfología 278 178
Género del adjetivo. Adjetivos invariables. Ejercicio de creación 279 178
Demostrativos. Adjetivos y pronombres contrastados en contexto, con elipsis de ser. Sintaxis 280 179
Pronombres posesivos acompañados de artículo. Uso de también. Morfosintaxis 281 179
Lectura de numerales en contexto. Recopilación 282 179

UNIDAD 42: Presente. Verbos de cambio ortográfico (g/j y c/z) en oraciones. Morfología 283 181
Presente. Verbos de cambio ortográfico (c/zc) en oraciones. Morfología 284 181
Presente. Verbos jugar y construir en oraciones. Morfología. 285 181
Género del sustantivo. Masculinos y femeninos irregulares. 286 182
Demostrativos. Adjetivos y pronombres contrastados en contexto. Correspondencia con adverbios de lugar. Sintaxis (uso del verbo gustar) 287 182
Posesivos antepuestos y pospuestos con adición del artículo determinado (1.ª y 2.ª personas del plural). Ejercicio de transformación. Sintaxis 288 182
Posesivos antepuestos y pospuestos con adición del artículo determinado (resto de las formas). Ejercicio de transformación. Sintaxis 289 183
Género de adjetivo calificativo. Recopilación. Morfología. 290 183

UNIDAD 43: Presente. Verbos de irregularidad común, en oraciones. Recopilación 291 185
Género del sustantivo. Masculinos y femeninos en -e. Morfología (con inclusión de artículo determinado) 292 185
Antónimos de adjetivos 293 185
Pronombres personales objeto (1.ª y 2.ª personas del singular). Posición. Morfosintaxis 294 186
Verbo gustar con pronombres redundantes. Morfosintaxis. 295 186

		N.º de ejercicio	Pág.

Adjetivos posesivos pospuestos. Recopilación 296 187
Antónimos adverbiales y preposicionales. Ejercicio de léxico. 297 187

UNIDAD 44: Presente. Verbos de cambio ortográfico (y **jugar**) en oraciones. Recopilación. Morfología 298 189
Presente. Verbos de irregularidad propia en oraciones. Recopilación. Morfología 299 189
Presente. Verbos de irregularidad propia en oraciones. Recopilación. Morfología 300 189
Comparación del adjetivo. Superioridad (**más ... que**). Ejercicio de transformación. Sintaxis 301 190
Adjetivos posesivos pospuestos. Recopilación. Morfosintaxis. 302 190
Pronombres personales objeto (plurales). Recopilación 303 190
Género. Sustantivos invariables. Morfología 304 191
Ejercicio de modismos verbales varios 305 191

UNIDAD 45: Imperativo. Verbos regulares. Recopilación 306 193
Imperativo. Verbos de irregularidad común y debilitación vocálica. Recopilación 307 193
Imperativo. Verbos de cambio ortográfico. Recopilación ... 308 194
Comparación del adjetivo. Grado de igualdad (**tan ... como**). Ejercicio de transformación 309 194
Pronombres personales objeto directo. Posición. Ejercicio de sustitución. Recopilación 310 194
Género del sustantivo con inclusión del artículo indeterminado. Casos especiales. Recopilación 311 195

UNIDAD 46: Imperativo. Verbos de irregularidad propia. Recopilación. 312 197
Imperativos irregulares con formas pronominales en contexto. Recopilación 313 197
Número del sustantivo. Casos especiales (palabras que no admiten el singular. Morfología 314 198
Presente de **jugar a(l)**. Ejercicio de creación 315 198
Comparación del adjetivo. Negación de la igualdad (**no tan ... como**). Ejercicio de transformación 316 198
Pronombres personales objeto indirecto. Ejercicio de transformación. Morfosintaxis 317 198
Pronombres demostrativos en contexto con **ser** y **estar**. Sintaxis 318 199
Antónimos de adjetivos. Ejercicio de léxico 319 199

UNIDAD 47: **Ir a** + infinitivo (futuro inmediato). Ejercicio de creación ... 320 201
Ir a + infinitivo (futuro inmediato). Ejercicio de creación ... 321 201
Pronombres personales objeto indirecto. Ejercicio de transformación. Morfosintaxis 322 201
Pronombres personales objeto con preposición. Morfosintaxis 323 202

21

		N.º de ejercicio	Pág.

Pronombres personales objeto pospuestos al imperativo. Ejercicio de sustitución. Sintaxis 324 202
Verbos reflexivos de uso corriente. Ejercicio de creación ... 325 202
Pronombres demostrativos neutros con **ser**. Correspondencia con adverbios de lugar. Morfosintaxis 326 203
Sustantivos correspondientes a verbos. Ejercicio de léxico. 327 203

UNIDAD 48: Pretérito indefinido de **estar** (con **ayer**). Ejercicio de creación. 328 205
Pretérito indefinido de **estar** (con expresiones temporales). Ejercicio de creación 329 205
Pronombres personales objeto con preposición. Morfosintaxis 330 206
Verbos seudorreflexivos **(sobrar, faltar** y **quedar)**. Pronombres redundantes en oraciones 331 206
Pronombres personales objeto pospuestos al infinitivo. Ejercicio de sustitución. Sintaxis 332 206
Pronombres personales objeto directo antepuestos al verbo que rige al infinitivo. Ejercicio de sustitución. Sintaxis ... 333 207
Demostrativos neutros. Ejercicio de creación 334 207

UNIDAD 49: Pretérito indefinido. Verbos de debilitación vocálica **(e/i)**. Morfología 335 209
Pretérito indefinido. Verbos de debilitación vocálica **(o/u)**. Morfología 336 209
Pretérito indefinido. Verbos de cambio ortográfico **(c/j)**. Morfología 337 209
Pretérito indefinido. Ejercicio de recopilación de verbos de debilitación vocálica y de cambio ortográfico. Morfología. 338 210
Pronombres personales objeto (3.ª persona, **se**). Ejercicio de sustitución. Sintaxis 339 210
Pronombres posesivos acompañados de artículo determinado. Ejercicio de sustitución. Morfosintaxis 340 210
Demostrativos neutros. Ejercicio de creación 341 210
Exclamaciones ponderativas **(qué ... más)** 342 211

UNIDAD 50: Pretérito indefinido. Verbos de cambio ortográfico **(i/y)**. Morfología 343 213
Pretérito indefinido. Verbos de cambio ortográfico **(i/y)** en oraciones. Morfología 344 213
Pronombres personales objeto directo e indirecto. Ejercicio de sustitución. Sintaxis 345 213
Contraste entre **también** y **tampoco**. Morfosintaxis 346 214
Contraste entre **también** y **tampoco**. Sintaxis 347 214
Verbo **doler** y partes del cuerpo. Ejercicio de léxico 348 214

UNIDAD 51: Pretérito indefinido. Verbos de cambio ortográfico **(c/qu)**. Morfología 349 216

		N.º de ejercicio	Pág.

Pretérito indefinido. Verbos de cambio ortográfico (g/gu). Morfología 350 216

Pretérito indefinido. Verbos de cambio ortográfico (c/qu y g/gu). Recopilación. Morfología 351 217

Demostrativos con el verbo gustar. Adjetivos y pronombres contrastados en contexto. Sintaxis 352 217

Pronombres personales objeto pospuestos al imperativo. Sintaxis 353 217

Pronombres personales objeto directo antepuestos y pospuestos. Ejercicio de recopilación. Sintaxis 354 218

Exclamaciones con la partícula qué 355 218

UNIDAD 52: Sustitución de la forma impersonal obligatoria es necesario por la perífrasis verbal obligatoria hay que + infinitivo. Morfosintaxis 356 220

Uso de la perífrasis verbal impersonal obligativa hay que + infinitivo. Ejercicio de creación 357 220

Uso de la perífrasis verbal obligativa personalizada tener que + infinitivo. Morfosintaxis 358 221

Contraste entre hay que (impersonal) ≠ tener que (personal). 359 221

Indefinidos. Uso de demasiado, -a, -os, -as. Morfosintaxis ... 360 221

Contraste entre hacer (impersonal) y tener (personal) en modismos. Sintaxis 361 222

Verbos correspondientes a sustantivos. Ejercicio de léxico. 362 222

UNIDAD 53: Futuro simple. Verbos regulares en oraciones. Recopilación. 363 224

Futuro simple. Verbos de irregularidad propia en oraciones. Recopilación 364 224

Futuro simple. Verbos de irregularidad propia en oraciones. Recopilación 365 225

Verbos reflexivos de uso corriente. Ejercicio de creación ... 366 225

Haber y estar contrastados en oraciones. Sintaxis 367 225

Indefinidos. Uso de todo, -a, -os, -as adjetival y pronominal. Morfosintaxis 368 225

Léxico de aparatos corrientes en el hogar 369 226

UNIDAD 54: Condicional simple. Verbos regulares en oraciones. Morfosintaxis 370 228

Condicional simple. Verbos de irregularidad propia en oraciones. Recopilación 371 228

Indefinidos. Valor adjetival de otro, -a, -os, -as. Morfosintaxis 372 228

Indefinidos. Contraste entre mucho, -a, -os, -as y poco, -a, -os, -as. Morfosintaxis 373 229

Expresión del tiempo con llevar en oraciones 374 229

Expresión del tiempo con llevar. Ejercicio de creación 375 229

Léxico de viajes 376 230

	N.º de ejercicio	Pág.

UNIDAD 55: Futuro simple para expresar la probabilidad en el presente. Ejercicio de transformación .... 377 — 232

Futuro simple para expresar la probabilidad en el presente. Ejercicio de creación .... 378 — 232

Contraste entre futuro simple (probabilidad) y presente (certeza). Sintaxis .... 379 — 233

Ejercicio de deletreo .... 380 — 233

Haber y **estar** contrastados en el pretérito imperfecto. Sintaxis .... 381 — 233

Preposición **a** con objeto directo de persona. Morfosintaxis. 382 — 233

Modismos con **dar** y **tomar** .... 383 — 234

UNIDAD 56: Condicional simple para expresar la probabilidad en el pasado. Ejercicio de transformación .... 384 — 236

Condicional simple para expresar la probabilidad en el pasado. Ejercicio de creación .... 385 — 236

Contraste entre condicional simple (probabilidad) y pretérito imperfecto (certeza). Sintaxis .... 386 — 237

Preposición **a** con objeto directo de persona o cosa ...... 387 — 237

Expresiones de tiempo con **de** o **por**. Sintaxis .... 388 — 237

Ejercicio de silabeo .... 389 — 237

Uso del verbo **tardar**. Ejercicio de creación .... 390 — 238

UNIDAD 57: Pretérito imperfecto con valor habitual. Sustitución del verbo **soler** por la forma simple. Sintaxis .... 391 — 240

Pretérito imperfecto. Estímulo pregunta-respuesta. Sintaxis. 392 — 240

Contraste entre el pretérito imperfecto y el presente de indicativo con referentes adverbiales. Morfosintaxis .... 393 — 240

Contraste entre el presente y el pretérito imperfecto con referentes adverbiales. Morfosintaxis .... 394 — 241

Contraste entre pretérito imperfecto-presente con la fórmula **hace** + expresión temporal. Morfosintaxis .... 395 — 241

Ejercicio de silabeo .... 396 — 241

Uso de la fórmula interrogativa **cuántas veces**. Ejercicio de creación .... 397 — 242

UNIDAD 58: Pretérito indefinido con **durante**. Morfosintaxis .... 398 — 244

Pretérito indefinido con **ayer**. Morfosintaxis .... 399 — 244

Pretérito indefinido. Estímulo pregunta-respuesta .... 400 — 244

Contraste entre el pretérito indefinido y el imperfecto con referentes adverbiales. Morfosintaxis .... 401 — 245

Contraste entre el pretérito imperfecto y el indefinido con referentes adverbiales. Morfosintaxis .... 402 — 245

Expresiones de tiempo con **de** o **por**. Sintaxis .... 403 — 245

UNIDAD 59: Participios irregulares. Verbos en **-er** e **-ir**. Morfología ... 404 — 247

Pretérito perfecto. Verbos irregulares. Morfología .... 405 — 247

	N.º de ejercicio	Pág.
Pretérito perfecto. Verbos regulares en oraciones. Recopilación	406	248
Participios irregulares. Verbos en **-er** e **-ir**. Morfología ...	407	248
Contraste entre **ser** (impersonal) y **llegar** (personal) con los adverbios **tarde** y **temprano**. Sintaxis	408	248
Léxico de alimentos	409	249
UNIDAD 60: Pretérito perfecto con participios irregulares en oraciones. Morfosintaxis	410	251
Pretérito perfecto con participios irregulares en oraciones. Morfosintaxis	411	251
Contraste entre pretérito indefinido y pretérito pefecto con referentes adverbiales. Morfosintaxis	412	252
Contraste entre el pretérito perfecto y el indefinido con referentes adverbiales en oraciones. Morfosintaxis	413	252
Contraste entre **qué** ≠ **cuál**	414	252
Modismos con **hacer**	415	253

primer
ciclo

1. Dé la forma apropiada del presente del verbo *ser*.

MODELO: (Yo) *soy* { Pedro
Carmen.

1. (Tú) ..*Eres*.. Pedro.
2. (Usted) .*Es*.. Pedro.
3. (Él) .*Es*.. Pedro.
4. (Ella) .*Es*... Carmen.

2. Dé la forma apropiada del presente del verbo *ser*.

MODELO: (Nosotros) *somos* María y José.

1. (Vosotros) .*sois*. Manuel y Andrés.
2. (Vosotras) .*sois*. Margarita y Alicia.
3. (Vosotros) *sois*. José y María.
4. (Ustedes) .*son*. María y José.
5. (Ustedes) ..*son*. María Fernández y Andrés López.
6. (Ellos) .*son*. Margarita y Andrés.
7. (Ellas) .*son* María y Alicia.

3. Ponga el pronombre personal correspondiente.

MODELO: *(Yo)* soy José.

1. ..*Tú*.. eres Alicia.
2. *Vosotros* sois Pedro y José.
3. *Nosotros* somos Alicia y Andrés.

4. ..Yo... soy Margarita.
5. .Ella.. es Laura.
6. .Ellas.. son Laura y Carmen.

4. Dé el femenino de estas palabras.

MODELO: el gato → la gata.

el hermano → la hermana
el amigo → la amiga
el hijo → la hija
el chico → la chica
el alumno → la alumna
el portero → la portera
el niño → la niña

5. Fórmulas de cortesía. Lea estas expresiones de saludo y despedida y úselas en contextos similares.

—¡Buenos días, D. (don) Pedro!
—¡Hasta mañana, D.ª (doña) Carmen!
—¡Buenas tardes, señor!
—¡Adiós, señorita! / ¡Srta. Gómez!
—¡Hola, John!
—¡Buenas noches, Sra. (señora) González!
—¡Hasta luego, Sr. (señor) Fernández!

Apuntes de clase

6. Ponga el pronombre personal correspondiente.

MODELO:
$\left.\begin{array}{l}(él) \\ (ella) \\ (usted)\end{array}\right\}$ es $\left\{\begin{array}{l}\text{Pedro} \\ \text{María}\end{array}\right\}$; $\left.\begin{array}{l}(ellos) \\ (ellas) \\ (ustedes)\end{array}\right\}$ son María y Manuel.

1. *Ella* es Alicia.
2. *Ellos* son Pedro y Manuel.
3. *Él* es Manuel.
4. *Ellas* son Margarita y Alicia.
5. *Ellos* son María y Andrés.
6. *Ella* es Carmen.

7. Presente de *ser*. Ponga *quién* o *quiénes* en estas preguntas.

MODELO:
¿*Quién* es (él)? (Él) *es* Pedro.
¿*Quiénes* son (ellos)? (Ellos) *son* Pedro y Carmen.

1. ¿*Quién* es (usted)? (Yo) *soy* Carmen.
2. ¿*Quiénes* son (ustedes)? (Nosotras) *somos* Alicia y Margarita.
3. ¿*Quién* es (ella)? (Ella) *es* Carmen.
4. ¿*Quiénes* son (ellos)? (Ellos) *son* Juan y Pedro.
5. ¿*Quién* es (él)? (Él) *es* Andrés.
6. ¿*Quiénes* son (ellas)? (Ellas) *son* Carmen y Alicia.

8. Presente de *ser*. Dé un nombre de persona.

EJEMPLO: (Yo) soy Pedro, ¿y tú? *Yo, María.*

1. (Él) es José, ¿y ella? *Ella es ...*
2. (Usted) es Andrés, ¿y ella? *Ella es*
3. (Nosotros) somos María y Margarita, ¿y usted? *Yo soy*
4. (Ellos) son Andrés y Alicia, ¿y vosotros? *Nosotros somos ...*
5. (Ella) es Alicia, ¿y ellos? *Ellos son ...*
6. (Vosotras) sois Alicia y María, ¿y él? *El es ...*

9. Género *(o/a)*. Dé el masculino de estas palabras.

MODELO: la camarera → el camarero.

la niña → el *niño*
la hija → el *hijo*
la muchacha → el *muchacho*
la novia → el *novio*
la tía → el *tío*
la amiga → el *amigo*
la alumna → el *alumno*
la abuela → el *abuelo*

10. Cardinales. Lea estos números.

MODELO: 5 = *cinco.*

0. *cero*
1. *uno*
2. *dos*
3. *tres*
4. *cuatro*
5. *cinco*

11. Identifique los nombres de los países de la izquierda con los adjetivos correspondientes de la derecha.

Japón	francés
España	colombiano
Italia	inglés
Francia	español
Colombia	chino
Inglaterra	alemán
China	italiano
Alemania	japonés

Apuntes de clase

12. **Presente de *ser*. Pregunte con *quién* o *quiénes* y la forma correspondiente del verbo *ser*.**

MODELO: Yo soy Andrés y $\begin{cases} \text{tú} \ ¿quién \ eres? \\ \text{usted} \ ¿quién \ es? \end{cases}$

1. Nosotros somos Juan y María y ellos ¿ *quiénes son?*
2. Ella es Margarita y ustedes ¿ *quiénes son?*
3. Vosotros sois Pedro y Alicia y él ¿ *quién es?*
4. Ellos son Andrés y Carmen y usted ¿ *quién es.*
5. Tú eres Manuel y ella ¿ *quién es?*
6. Vosotras sois Carmen y Alicia y tú ¿ *quién eres?*
7. Yo soy María y tú ¿ *quién eres?*

13. **Dé la forma adecuada del presente de *ser***

MODELO: Él *es* árabe.

1. Tú *eres* italiano.
2. Ella *es* española.
3. Yo *soy* inglés.
4. Usted *es* americano.
5. Él *es* japonés.

14. **Ponga *no* y la forma adecuada del presente de *ser*.**

MODELO: Él *no es* árabe.

1. Antonio *no* *es* francés.
2. Tú *no eres* chino.

3. Yo .. _No_ . _soy_ . americano.
4. John . _No_ . _es_ . español.
5. Alí .. _No_ .. _es_ . japonés.

15. Dé el femenino de estos pronombres.

MODELO: el profesor → la profesor*a*.

el pintor → la _pintora_
el león → la _leona_
el ladrón → la _ladrona_
el señor → la _señora_
el lector → la _lectora_
el conductor → la _conductora_

16. Cardinales. Lea estos números.

6. _seis_
7. _siete_
8. _ocho_
9. _nueve_
10. _diez_

17. Fórmulas de cortesía. Rellene los puntos con la fórmula adecuada, según el contexto: *por favor, perdón, de nada, gracias*.

EJEMPLO: ¿Un cigarrillo? — Sí/No, *gracias*.

1. ¿Un vaso de vino? — Sí, por _favor_
2. ¡Muchas gracias! — ¡De _nada_!
3. ¡ _Perdón_! ¿Es usted Carmen?
4. ¿Café? — No, _gracias_,
5. ¿Un taxi? — Sí, por . _favor_ .
6. ¡ _Perdón_, no comprendo!

Apuntes de clase

18. **Ponga la forma adecuada del presente de** *ser* **y** *usted.*

MODELO: *¿Es usted* español/a? { *Sí.*
{ *No.*

1. ¿... *Es* ... *usted* ... inglés? ...... *No.*
2. ¿... *Es* ... *usted* ... ruso? ...... *No.*
3. ¿... *Es* ... *usted* ... alemán? ...... *No.*
4. ¿... *Es* ... *usted* ... mejicano? ...... *No.*
5. ¿... *Es* ... *usted* ... francés? ...... *No.*
6. ¿... *Es* ... *usted* ... japonés? ...... *No.*
7. ¿... *Es* ... *usted* ... americano? ...... *No.*

19. **Ponga** *no* **y la forma apropiada del presente de** *ser.*

MODELO: *¿No es* usted Antonio? { *Sí.*
{ *No.*

1. ¿... *No* ... *es* ... él americano? ......
2. ¿... *No* ... *es* ... usted alemán? ......
3. ¿... *No* ... *soy* ... yo árabe? ......
4. ¿... *No* ... *es* ... Manuel mejicano? ......
5. ¿... *No* ... *eres* ... tú Juan? ......
6. ¿... *No* ... *es* ... ella italiana? ......
7. ¿... *No* ... *es* ... usted belga? ......

20. Artículo indeterminado. Ponga *un* o *una* delante de estas palabras.

MODELO: *un* bolígrafo / *una* casa.

..*Un*. libro   .*Un*. teléfono
.*Una*. chaqueta   *Una*. mesa
Una. camisa   .*Un*. cuadro
.*Un*. cigarrillo   .*Un*.. lápiz
Una. silla   .*Una* libreta

21. Cardinales. Lea estos números.

MODELO: 13 = *trece*.

11. once
12. doce
13. trece
14. catorce
15. quince

22. Léxico. Comidas y bebidas. Elija la palabra que corresponda: *pescado, fruta, verdura, bebida*.

verdura

EJEMPLO: La sardina es *un pescado*.

1. El plátano es una . fruta   (banana)
2. La lechuga es una . verdura   (lettuce)
3. La leche es una . bebida
4. El atún es un . pescado
5. El agua es una . bebida
6. La naranja es una . fruta
7. La coca-cola es una . bebida
8. El vino es un . bebida
9. La cerveza es una . bebida

39

23. Nombres de países y ciudades. Rellene los puntos con el nombre de la ciudad correspondiente de la columna de la derecha.

1. La capital de Portugal es ..... *Lisboa*   Roma
2. La capital de Italia es . *Roma*   Moscú.
3. La capital de Grecia es *Atenas*   Lisboa.
4. La capital de Rusia es . *Moscú*   Atenas.
5. La capital de Polonia es ..... *Varsovia*   Varsovia.
6. La capital de Francia es ..... *París*   París.
7. La capital de Japón es ..... *Tokio*   Tokio.

Apuntes de clase

24. Dé la forma apropiada del presente de *estar*.

MODELO: Yo *estoy* aquí/allí. _—there_

1. (Tú)   *estás* aquí.
2. (Él)   *está* allí.
3. (Usted)   *está* aquí.
4. (Ella)   *está* allí.
5. (Yo)   *estoy*. aquí.

25. Dé la forma apropiada del presente de *estar*.

MODELO: Nosotros *estamos* aquí/allí.

1. (Vosotros) *estáis*. aquí.
2. (Vosotras) *estáis*. allí.
3. (Ustedes)   *están*. aquí.
4. (Ellos)   *están*. allí.
5. (Ellas)   *están*. aquí.

26. *Estar* (omisión). Ponga la forma contraria, según el modelo.

MODELO: (Yo) estoy *aquí*, ¿y tú? *Yo, allí.*

1. Peter está *allí*, ¿y Dominique? *Esté. aquí.*
2. Usted está *aquí*, ¿y Vladimir? *Esté. aquí, tambien.*
3. Greta y yo estamos *allí*, ¿y Sara? *Esté. aquí.*
4. Sebastián y Eva están *aquí*, ¿y François? *Esté. allí.*
5. Lilian está *allí*, ¿y usted? *Yo. estoy aquí.*
6. Vosotras estáis *aquí*, ¿y ellas? *Ellas. están allí.*

27. Artículo indeterminado. Ponga *un* o *una* delante de estas palabras.

una. cocina   *un*. autobús
un. periódico   *una*. silla   *chair*
una. tienda *shop*   *un*. lápiz   *pencil*
un. vaso *glass, vessel*   *una*. goma   *rubber*
una. película *film*   *una*. boca   *mouth*

28. Ponga estas palabras en plural, según el modelo.

shoe
MODELO: { el zapato / *los* zapatos.
           { la camisa / *las* camisas. *shirt*

road el camino / *los* caminos   el pie / *los* pies   *foot*
la rosa / *las* rosas   el sofá / *los* sofás
la isla / *las* islas   la mano / *las* manos   *hand*
el café / *los* cafés   la niña / *las* niñas
leg la pierna / *las* piernas   el papá / *los* papás

29. Cardinales. Lea y escriba estos números.

16. *dieciséis*
17. *diecisiete*
18. *dieciocho*
19. *diecinueve*
20. *veinte*

30. Asocie los siguientes nombres de alimentos con los conceptos *animal*, *mineral* o *vegetal*.

butter
— mantequilla
— carne   *animal*
— ensalada   *mineral*
— azúcar   *vegetal*
— pan

— sal
— verdura   *animal*
— tomate   *mineral*
— jamón   *vegetal*
— fruta

vegetable

43

Apuntes de clase

31. *Dónde* y presente de *estar*. Haga según el modelo.

MODELO: ¿*Dónde* estás (tú)? → (Yo) *estoy* aquí.

1. ¿*Dónde* está Juan? → *Él está* allí.
2. ¿*Dónde* están ellos? → *Ellos están* aquí.
3. ¿*Dónde* estáis? → *Estamos* aquí.
4. ¿*Dónde* estás? → *Estoy* allí.
5. ¿*Dónde* estamos? → *Estamos* aquí.
6. ¿*Dónde* está Helga? → *Ella está* allí.
7. ¿*Dónde* está usted? → *Ya estoy* aquí.

32. Forma negativa de *estar*. Haga según el modelo.

MODELO: Jim *no* está *en* Londres.

1. Jules *no* está *en* Tokio.
2. Irene y María *no* están *en* Roma.
3. Tú *no* estás *en* Madrid.
4. Elena y tú *no* estáis *en* Nueva York.
5. Carmen y usted *no* están *en* Sevilla.
6. Yo *no* estoy *en* Buenos Aires.

33. Forma interrogativo-negativa del presente de *estar*. Haga según el modelo.

MODELO: ¿*No está* Andrés en Inglaterra? → *Sí./No.*

1. ¿*No estamos* nosotros en España? → *Sí./No*
2. ¿*No están* Helga y Jim en Suiza? → *Sí./No*

3. ¿.No. .estéis. vosotros en Turquía? → No/sí .../sí.
4. ¿.No. .estás. tú en Argentina? → ......
5. ¿.No. .están. Sara y Dominique en Portugal? → ......
6. ¿.No. .estoy. yo en Brasil? → ......

clave: ?
está

34. Ponga el presente de *estar* con *bien* o *mal*.

MODELO: (Yo) no *estoy bien/mal*.

1. Tú no estás .bien.
2. Alicia .está. .bien.
3. Ustedes .están. .bien.
4. Jim y tú .estáis. .bien.
5. Usted y Mao .están mal.
6. Yoko y vosotros no .estáis. .bien.

35. Número. Ponga estas palabras en plural.

el mundo	/ .los. mundos	la iglesia	/ .las. iglesias
el cuaderno	/ .los. cuadernos	la vida	/ .las. vidas
el té	/ .los. tés.	el chico	/ .los. chicos
la página	/ .las. páginas	la señora	/ .las. señoras
el negocio	/ .los. negocios	el coche	/ .los. coches

exercise book
the

(business/office

car

36. Adjetivos de colores. Complete estas frases con los colores más adecuados: *blanco, negro, amarillo, azul, verde, rojo, gris*.

snow
yellow

— La nieve es ..blanca.   — La noche es .negra.
— El plátano es .amarillo.   — El cielo es .azul.
— La verdura es .verde.   — Las naranjas son amarillas.
— La sangre es .roja.   — El mar es .azul.
— Las nubes son .blancas.   — La hierba es ..verde.
  cloud   /grises
                                                       grass

46

Apuntes de clase

UNIDAD
7

37. Ponga la forma adecuada del presente de *estar* y *cómo*.

MODELO: *¿Cómo está* usted? → *Estoy* bien/mal.

1. ¿*Cómo* *esté* Bruno? → *Está* mal.
2. ¿*Cómo* *estás* tú? → *Estoy* bien.
3. ¿*Cómo* *estáis* Alí y vosotros? → *Estamos* mal.
4. ¿*Cómo* *estáis* usted y ellas? → *Estamos* bien.
5. ¿*Cómo* *están* Cathy y Frank? → *Están* bien.
6. ¿*Cómo* *estáis* tú y Mara? → *Estamos* bien.

clave:?
están-

c: ?
estés/
está

38. Lea las respuestas y haga la pregunta correspondiente con el presente de *estar*.

MODELO: *¿Cómo están* ustedes? → Estamos bien.

1. ¿*Cómo* *están* *Pedro* y *María*? → Pedro y María están bien.
2. ¿*Cómo* *estáis* *vosotras*? → Nosotras estamos mal.
3. ¿*Cómo* *están* *ellos*? → Antonio y Federico están bien.
4. ¿*Cómo* *estás* *tú*? → Estoy bien.
5. ¿*Cómo* *está* *usted*? → Estoy mal.
6. ¿*Cómo* *estamos* *nosotros*? → Vosotras estáis bien.

48

39. Número del sustantivo. Singular-plural.

MODELO: { el país / *los* países.
la nación / *las* naciones.

paper el papel / .*los*.. *papeles*   la canción / .*las*.. *canciones*   *sup*

reason la razón / .*las*.. *razones*   el examen / .*los*.. *exámenes*   *exam*

el bar / .*los*.. *bares*   el dolor / .*los*.. *dolores*   *pain*

smell el olor / .*los*.. *olores*   la opinión / .*las*.. *opiniones*

clock el reloj / .*los*.. *relojes*   el andén / .*los*.. *andenes*   *platform pavement*

40. Demostrativos. Ponga *este, esta, estos, estas,* según el caso.

this

MODELO: est*a* casa.

hey   *esta*. amiga.   *este*. gato.   *cat*

estas. llaves.   *estos* trenes.   *train*

tree   *estos*. árboles.   *estos*. plátanos.

esta calle.   *este* billete.   *ticket, not, bill*

money *este*. dinero.   *estas* chicas.

41. Diga el nombre de los meses correspondientes.

Los meses de la *primavera* son: { ....*primavera* *marzo*
spring   ...*verano* *septiembre*
...*verano* *junio*

Los meses del *verano* son: { .*primavera* *mayo*
summer   .*verano* *agosto*
.*verano* *julio*
.*primavera* *abril*

49

Apuntes de clase

UNIDAD

8

42. Presente de _tener_. Ponga la forma adecuada.

1. Juan ..*tiene*.. dos hermanos mayores.
2. Mis hijas *tienen* tres muñecas.
3. Yo *tengo*. un coche muy viejo.
4. Usted no *tiene* diez francos.
5. Tú .*tienes* mi teléfono.
6. La fábrica *tiene* veinte obreros.
7. Vosotros *tenéis* nuestra radio.
8. Los profesores .*tienen* vacaciones largas.

43. Forma interrogativa del presente de _tener_. Lea estas preguntas y conteste _sí_ o _no_.

1. ¿Tienes el cuaderno? ~ *Si, tengo* *el*
2. ¿Tiene usted esta dirección? ~ *Si, tengo* *address*
3. ¿Tenéis vosotras las gafas? ~ *Si, tenemos* *glasses*
4. ¿Tienen ustedes la maleta? ~ *Si, tenemos* *suitcase*
5. ¿Tiene mamá una nevera? ~ *Si, tiene* *fridge*
6. ¿Tiene Pedro un televisor? ~ *Si, tiene*
7. ¿Tengo yo dinero? ~ *No, no ~~tienes~~*
8. ¿Tienes tú hambre? ~ *Si, tengo hambre.*

Are you hungry

44. Número del sustantivo. Singular-plural.

truth

la verdad / .las.. verdades   el bombón / ..los.. bombones chocolate
el balón / ..los.. balones   el calor / ..los.. calores *heat*
la ciudad / ..las.. ciudades   la lección / ..las.. lecciones *lesson*
el amor / ..los.. amores   el dolor / ..los.. dolores
wall la pared / ..las.. paredes la sociedad / ..las.. sociedades

45. Demostrativos. Ponga *este, -a, -os, -as,* según los casos.

alumno - pupil

estos alumnos.   esta mano.
estos días.   estas sofás.   a ... e
este plato.   estas señoritas.
plato
este pueblo.   esta clase.   *la clase - kind, type*
estas camas.   esta carne.
cama - bed

46. Haga la pregunta correspondiente a estas frases con *dónde.*

EJEMPLO: El metro está allí. → *¿Dónde* está el metro?

1. La iglesia está en la plaza. → ¿Dónde está la iglesia?
2. El mercado está en esta calle. → ¿Dónde está el mercado?
3. La parada del autobús está en la esquina. → ¿Dónde está la parada del autobús?
4. La escuela está en el centro. → ¿Dónde está la escuela?
5. El hospital está allí. → ¿Dónde está el hospital?
6. La parada de taxis está en la Plaza Mayor. → ¿Dónde está la parada de taxis?
7. La estación está en el centro de la ciudad. → ¿Dónde está la estación?
8. El buzón está en la acera. → ¿Dónde está el buzón?

47. Diga el nombre de los meses correspondientes.

Los meses del *otoño* son: { septiembre
autumn   octubre
                               noviembre
                               ....

                             { diciembre
Los meses del *invierno* son: enero
winter   febrero
                               marzo

52

Apuntes de clase

48. Verbos en *-ar*. Conjugue el presente de estos verbos.

hablar: hablo / hables / habla / hablemos, habléis / hablen
trabajar: trabajo / trabajes / trabaja / trabajemos / trabajéis / trabajen
estudiar: estudio / estudies / estudia / estudiemos / estudiéis / estudian

to look at   mirar: miro / miras / mira / miramos / miréis / miran
to sing   cantar: canto / cantas / canta / cantemos / canteis / canten
to dance   bailar: bailo / bailes / baila / bailemos baileis / bailen

49. Presente regular en *-ar*.

1. Yo (comprar) compro los bocadillos allí.
2. (Nosotros-estudiar) estudiemos español y alemán.
to take   3. ¿(Tomar) Toma usted café?
4. ¿(Trabajar) Trabaja tu hermano en esa oficina?
5. Mi secretaria (hablar) habla cuatro idiomas.
to use   6. (Ellas) no (usar) usan gafas.
7. Tú (bailar) bailes mucho.
8. Nosotras (mirar) miremos las fotos.

50. Conjugue el presente de estos verbos.

comer: como / comes / come / comemos / coméis / comen
aprender: aprendo / aprendes aprende / aprendemos aprendéis aprenden
comprender: comprendo / comprendes / comprende comprendeis comprendeis comprende
beber: bebo / bebes / bebe / bebemos / bebéis / beben
to run   correr: corro / corres / corre / corremos / corréis / corren
to owe   deber: debo / debes / debe / debemos / debeis / deben

51. Verbos en -er. Complete estas formas en el presente.

1. Vosotros com.*eís*.. carne y pescado.
2. Ellos no beb.*en*.. vino en las comidas.
3. (Yo) le.*o*.... el periódico todos los días.
4. ¿No v.*e*.... usted la televisión?
5. ¿Comprend.*es*... (tú) esta pregunta?
6. ¿Qué aprend.*en*.. (ellas) en la escuela?

52. Demostrativos. Ponga *ese, esa, esos, esas,* según los casos. *that*

MODELO: es*e* avión.

.*ese*. barco. *boat*   .*esas*. tiendas. *store*
esos. coches.   *esas*. aceras. *pavement*
ese. jardín. *garden*   .*ese*. parque.
esas. lámparas. *lamp*   *esos*. chismes. *piece of gossip*
.*esa*. hermana.   *esa*. montaña.

53. Modismos con *tener*. Use la palabra adecuada de la columna de la derecha.

EJEMPLO: Él bebe mucho; tiene *sed*.

1. En invierno tenemos .*frío*. *winter*   sed *thirst*
2. En verano tenemos .*calor*. *summer*   hambre *hunger*
3. Usted come mucho; ¿tiene .*hambre*.?   frío *cold*
4. Ella no bebe agua; no tiene .*sed*.   calor *hot / heat*
5. Gana mucho dinero; tiene .*suerte*.   razón *reason* ?
6. Ellas dicen la verdad; tienen .*razón*.   suerte *luck*

decir (to say)

54. Conteste a las siguientes preguntas con las expresiones del ejercicio anterior.

EJEMPLO: ¿*Por qué* bebe mucho? → *Porque tiene sed.*

1. ¿Por qué lleva usted abrigo? *coat* → Porque .*tengo frío.*.
2. ¿Por qué no comes? → Porque no *tengo hambre.*.
3. ¿Por qué no llevas chaqueta? *jacket* → Porque .*tengo calor.*.
4. ¿Por qué gana (él) dinero? → Porque .*tiene suerte.*
5. ¿Por qué no beben? → Porque .*no tienen sed.*.
6. ¿Por qué insistís? → Porque .*tenemos razón,*.

llevar - to take
insistir - to insist

Apuntes de clase

55. Verbos en *-ir*. Conjugue el presente de estos verbos.

escribir: escribo. / escribes / escribe / escribimos/ escribís / escriben
vivir: vivo. / vives. / vive. / vivimos. / vivís. / viven.
abrir: abro. / abres. / abre. / abrimos / abrís. / abren
cumplir: cumplo / cumples/ cumple / cumplimos/ cumplís / cumplen
recibir: recibo. / recibes / recibe / recibimos/ recibís. / reciben

(marginal notes: to open, to carry out / obey, achieve / fulfil)

(to receive)

56. Verbos en *-ir*. Presente. Una el pronombre con la forma verbal adecuada de la derecha.

(handwritten: subir — go up / walk up / come up)

yo
tú
él, ella, usted
nosotros, -as
vosotros, -as
ellos, ellas, ustedes

abrís, reciben
escribimos, vivís
suben, abre
recibes, escribes
vivo, subimos
escribe, abre

57. Género. Masculinos en *-a* y femeninos en *-o* (casos especiales).

MODELO: *la* mano / *el* clima.

el día.
la foto.
el problema.
el programa.
el telegrama.
la moto.

la radio.
el idioma.
el mapa.
el clima.
el sistema.
el tema.

58. Número. Singular-plural.

MODELO: *el* lunes / *los* lunes (sin cambio).

Tuesday ..el.. martes / .los. martes.
Wednesday ..el.. miércoles / .los.. miércoles.
Thursday ..el.. jueves / .los. jueves.
umbrella ..el.. paraguas / .los.. paraguas.
birthday ..el.. cumpleaños / .los.. cumpleaños.
Friday ..el. viernes / ..los. viernes.

59. Demostrativos. Ponga *ese, -a, -os, -as,* según los casos.

.esa. casa.   .esa. mano.
.esos. hombres.   .ese. clima.
.ese. juguete. *toy* .esos. idiomas.
.esas. cabezas. *head* e.sas. fotos.
.esa. cocina.   .esos. problemas.

60. Ejercicio de recopilación de léxico. Haga frases con las siguientes palabras o expresiones.

adiós	buenos días
de nada	pescado
por favor	colombiano
lettuce lechuga	Londres
chino	Lisboa
piece of gossip chisme	tener razón

61. Haga lo mismo que en el ejercicio anterior.

tener suerte	gris
febrero	septiembre
tener sed	azul
butter mantequilla	plátano *banana*
abril	tener dolor
azúcar	hierba *grass*

58

Apuntes de clase

UNIDAD 11

62. **Presente** *(e/ie).* **Conjugue según el modelo.**

to close/shut

MODELO: cerrar: *cierro - cierras - cierra - cerramos - cerráis - cierran.*

to begin/start empezar: *empiezo / empiezas / empieza / empezamos / empezáis / empiezan*
pensar: *pienso / piensas / piensa / pensamos / pensáis / piensan*
to heat (up) calentar: *caliento / calientas / calienta / calentamos / calentáis / calientan*
to wake (up) despertar: *despierto / despiertas / despierta / despertamos / despertáis / despiertan*

63. **Presente** *(e/ie).* **Conjugue según el modelo.**

to lie

MODELO: mentir: *miento - mientes - miente - mentimos - mentís - mienten.*

to love querer: *quiero / quieres / quiere / queremos / queréis / quieren*
to understand entender: *entiendo / entiendes / entiende / entendemos / entendéis / entienden*
to prefer preferir: *prefiero / prefieres / prefiere / preferimos / preferís / prefieren*
to lose perder: *pierdo / pierdes / pierde / perdemos / perdéis / pierden*

perderse - get lost

64. **Presente** *(e/ie).* **Dé la forma adecuada.**

1. ¿Por qué (cerrar) ...... (tú) la puerta? *cierras*
2. (Nosotros - empezar) ...... la lección 20. *Empezamos*
3. (Yo - pensar) ...... en las vacaciones todos los días. *Pienso*
4. ¿No (calentar) ...... (tú) el agua del baño? *calientas*
5. (Ellos) no (perder) ...... el tiempo. *pierden* *time*
6. ¿(Entender) ...... (vosotros) italiano? *Entendéis*
7. (Ella) no (querer) ...... postre. *Quiere*
8. Enrique (mentir) ...... *Miente*

60

la mentira - a lie

defender — to defend

9. ¿(Preferir) ...... (usted) la playa al campo?
Refiere

10. (Tú-defender) ...... a tus colegas.
Defiendes

65. Demostrativos. Ponga *aquel, aquella, aquellos, aquellas,* según el caso.

that

MODELO: *aquel* botón.

any difference between aquel and ese?

...... lección.	...... silla.
...... cajón.	...... ventanas.
...... periódicos.	...... sombrero.
...... plazas.	...... blusas.
...... carne.	...... teléfono.
...... libro.	...... tejados.
...... árboles.	...... carretera.

66. Cardinales. Lea estos números.

EJEMPLO: 30=*treinta.*

30.	40.	50.
60.	70.	80.
90.	100.	1.000.

67. Expresiones y exclamaciones. Coloque la expresión más apropiada de la columna de la derecha en las siguientes frases.

EJEMPLO: { A) Mañana tengo un examen.
{ B) *¡Buena suerte!*

1. A) Papá está muy mal.
   B) ¡Lo ......!
2. A) ¡Juan, ésta es María!   ¡No importa!
   B) ¡......!   ¡Un momento!
3. A) ¿Cierro la puerta?   ¡Lo siento!
   B) ¡Un ......!   ¡Buena suerte!
4. A) Este coche es muy caro.   ¡Encantado!
   B) ¡No ......! Tengo dinero.   ¡Buen viaje!
5. A) Mañana llego a Londres.   ¡Vale!
   B) ¡Buen ......!
6. A) Nos vemos esta tarde.
   B) ¡......!

Apuntes de clase

68. Presente *(o/ue)*. Conjugue según el modelo.

MODELO: morir: m*ue*ro - m*ue*res - m*ue*re - m*o*rimos - m*o*rís - m*ue*ren.

recordar: .... / .... / .... / .... / .... / ....
volver: .... / .... / .... / .... / .... / ....
dormir: .... / .... / .... / .... / .... / ....
volar: .... / .... / .... / .... / .... / ....

69. Presente *(e/i)*. Conjugue según el modelo.

MODELO: pedir: p*i*do - p*i*des - p*i*de - p*e*dimos - p*e*dís - p*i*den.

repetir: .... / .... / .... / .... / .... / ....
seguir: .... / .... / .... / .... / .... / ....
servir: .... / .... / .... / .... / .... / ....
despedir: .... / .... / .... / .... / ....

70. Conjugue el presente de estos verbos. Observe la alternancia (g/*j* y *c/z*).

coger: .... / .... / .... / .... / .... / ....
vencer: .... / .... / .... / .... / .... / ....
exigir: .... / .... / .... / .... / .... / ....
proteger: .... / .... / .... / .... / ....

71. Demostrativos. Ponga *aquel, -lla, -llos, -llas,* **según los casos.**

...... letras.   ...... platos.

...... zapato.   ...... flor.

...... página.   ...... calcetines.

...... países.   ...... ventana.

...... curso.   ...... tema.

72. Cardinales. Lea estos números.

23.	22.
48.	56.
89.	77.
66.	99.
33.	62.

73. Artículo indeterminado *(un/una).*

MODELO: *un* amigo / *una* amiga.

...... ciudad.   ...... río.

...... manzana.   ...... naranja.

...... lápiz.   ...... flor.

...... pluma.   ...... piedra.

...... pez.   ...... playa.

...... calle.   ...... plaza.

...... cafetería.   ...... bar.

74. Conteste a las siguientes preguntas con un infinitivo apropiado al contexto.

EJEMPLO: ¿Para qué sirve un lápiz? → *Para escribir.*

1. ¿Para qué sirve un vaso? →
2. ¿Para qué sirve el dinero? →
3. ¿Para qué sirve un periódico? →
4. ¿Para qué sirven las piernas? →
5. ¿Para qué sirve una llave? →

6. ¿Para qué sirve el teléfono? →
7. ¿Para qué sirve una cama? →
8. ¿Para qué sirve un balón? →
9. ¿Para qué sirve la cabeza? →
10. ¿Para qué sirven el cuchillo y el tenedor? →

Apuntes de clase

UNIDAD

13

75. Presente *(c/zc)*. **Conjugue según el modelo.**

MODELO: conocer: cono*z*co - cono*c*es - cono*c*e - cono*c*emos - cono*c*éis - cono*c*en.

conducir: .... / .... / .... / .... / .... / ....
traducir: .... / .... / .... / .... / .... / ....
agradecer: .... / .... / .... / .... / .... / ....
ofrecer: .... / .... / .... / .... / .... / ....

76. Conjugue el presente irregular de estos verbos *(i/y)*.

construir: .... / .... / .... / .... / .... / ....
destruir: .... / .... / .... / .... / .... / ....
huir: .... / .... / .... / .... / .... / ....

77. Conjugue el presente irregular de este verbo *(u/ue)*.

jugar: .... / .... / .... / .... / .... / ....

78. Demostrativos. Complete las palabras, según el modelo.

MODELO: est-*a* pared.

es...... fiestas.
est...... hospitales.
aqu...... fruta.
aqu...... bancos.
est...... escuelas.
aqu...... fábricas.

aqu...... museo.
es...... taberna.
est...... mercados.
es...... estación.
es...... cine.
est...... trabajo.

79. Género y número del adjetivo. Complete las palabras, según el modelo.

MODELO: Mujeres alt-*as*.

1. La niña es guap......
2. Estos problemas son nuev......
3. Camisas bonit......
4. Un traje negr......
5. Este chico es simpátic......
6. La canción modern......
7. Coche car......
8. Un postre barat......
9. Nubes blanc......
10. Un hombre gord......

80. Expresión de la hora. Lea estas frases, según el modelo.

MODELO: $\begin{cases} \text{Son las } 17.00 = \text{Son las } \textit{cinco de la tarde.} \\ \text{Son las } 11.15 = \text{Son las } \textit{once y cuarto de la mañana.} \end{cases}$

Son las 20.
Es la 1.25.
Son las 6.40.
Son las 2.30.
Son las 22.30.
Son las 23.50.
Son las 10.25.
Son las 12.45.

81. Expresión de la hora con *ser*. Lea las siguientes frases.

1. ¿Qué hora es? — Es la 1.
2. ¿Qué hora es? — Son las 2.
3. ¿Qué hora es? — Son las 7.30.
4. ¿Qué hora es? — Son las 5.25.
5. ¿Qué hora es? — Son las 3.15.
6. ¿Qué hora es? — Son las 8.45.
7. ¿Qué hora es? — Son las 6.35.
8. ¿Qué hora es? — Son las 4.10.

82. Léxico de clase. Haga preguntas correspondientes a estas respuestas.

EJEMPLO: *La pizarra* está en la pared. → *¿Dónde* está la pizarra?

1. La *pizarra* es negra. → ¿
2. El *diccionario* es inglés-español. → ¿
3. El *libro* es del profesor. → ¿
4. Esa *tiza* es amarilla. → ¿
5. El *pupitre* está aquí. → ¿
6. La *papelera* sirve para tirar papeles. → ¿

Apuntes de clase

83. Conjugue el presente irregular de estos verbos.

dar: .... / .... / .... / .... / .... / ....
ir: .... / .... / .... / .... / .... / ....
hacer: .... / .... / .... / .... / .... / ....
venir: .... / .... / .... / .... / .... / ....

84. Conjugue el presente irregular de estos verbos.

oír: .... / .... / .... / .... / .... / ....
poner: .... / .... / .... / .... / .... / ....
saber: .... / .... / .... / .... / .... / ....
caer: .... / .... / .... / .... / .... / ....

85. Conjugue el presente irregular de estos verbos.

salir: .... / .... / .... / .... / .... / ....
traer: .... / .... / .... / .... / .... / ....
ver: .... / .... / .... / .... / .... / ....
valer: .... / .... / .... / .... / .... / ....

86. Posesivos. Ponga *mi, mis,* según el caso.

MODELO: *mi* bolígrafo.

...... cuenta.	...... bolsillos.
...... diccionario.	...... paquete.
...... cajas.	...... vestido.
...... reloj.	...... corbatas.
...... copas.	...... cuchara.

87. Género del adjetivo. Formación del femenino con *-a*.

MODELO: producto español → casa español*a*.

1. campo inglés → política ......
2. vino francés → ciudad ......
3. coche alemán → ciencia ......
4. café irlandés → canción ......
5. tren japonés → técnica ......
6. baile andaluz → catedral ......
7. hombre hablador → mujer ......
8. obrero trabajador → obrera ......

88. Pronombres personales. Dé la forma del pronombre apropiado, según el modelo.

MODELO: me → *yo.*

te →
lo →
la →

89. Pronombres personales. Dé la forma del pronombre apropiado, según el modelo.

MODELO: nosotros, -as → *nos.*

vosotros, -as →
ellos →
ellas →
ustedes →

90. Demostrativos. Haga según el modelo.

MODELO:
$\begin{cases} (aquí) \rightarrow este \ \text{libro.} \\ (ahí) \ \rightarrow ese \ \text{libro.} \\ (allí) \ \rightarrow aquel \ \text{libro.} \end{cases}$

(aquí) → ...... muebles.
(allí) → ...... maleta.
(ahí) → ...... jabón.
(aquí) → ...... negocios.
(ahí) → ...... medicinas.
(aquí) → ...... sellos.
(allí) → ...... caballos.
(ahí) → ...... falda.

91. Expresión de la hora. Conteste a estas preguntas.

EJEMPLO: ¿A qué hora sale el tren? ~ A las 21.30 (veintiuna treinta / nueve y media de la noche).

1. ¿A qué hora llega el avión? ~
2. ¿A qué hora abren los bancos? ~
3. ¿A qué hora cierran las tiendas? ~
4. ¿A qué hora abre Correos? ~
5. ¿A qué hora sale el barco? ~
6. ¿A qué hora llega el tren? ~

Apuntes de clase

92. **Conjugue el presente irregular de estos verbos.**

decir: .... / .... / .... / .... / .... / ....
poder: .... / .... / .... / .... / .... / ....
poner: .... / .... / .... / .... / .... / ....

93. **Conjugue el presente irregular de este verbo.**

haber: .... / .... / .... / .... / .... / ....

94. **Género. Masculino y femenino en -e.**

MODELO: *el* aceit*e* ≠ *la* leche.

...... viaje.   ...... noche.
...... diente.   ...... nieve.
...... muerte.   ...... chiste.
...... llave.   ...... pie.
...... tomate.   ...... sangre.

95. **Posesivos. Ponga *tu, tus,* según el caso.**

MODELO: *tu* cuchillo.

...... teléfono.   ...... gafas.
...... negocios.   ...... calle.
...... pluma.   ...... máquinas.
...... puerta.   ...... pisos.
...... calcetines.   ...... caballo.

96. Género. Adjetivos invariables. Lea estas formas.

MODELO: hombre *pobre* / mujer *pobre*.

Profesor inteligente / profesora inteligente.
Muchacho alegre / muchacha alegre.
Libro interesante / pregunta interesante.
Color gris / pared gris.
Cielo azul / camisa azul.
Ejercicio fácil / respuesta fácil.
Caso importante / palabra importante.
Hombre popular / expresión popular.

97. Contracciones. Ponga *al* o *del* en estas frases.

1. Emilia va ...... colegio.
2. Vengo ...... médico.
3. Esperamos ...... maestro.
4. Él escribe una carta ...... periódico.
5. El mercado ...... pueblo es grande.
6. El clima ...... norte es húmedo.
7. La madrina ...... niño es castellana.
8. Roma está ...... sur de Milán.

98. Uso de *ser*. Lea estas frases.

1. La clase *es a* las 11.30 de la mañana.
2. En este hotel, la comida *es a* las 2 de la tarde.
3. En mi casa, la cena *es a* las 10 de la noche.
4. La conferencia en el club *es a* las 7.30 de la tarde.
5. La reunión *es a* las 11 de la mañana.
6. La corrida de toros *es a* las 5 de la tarde.
7. La salida *es a* las 2 y media.
8. La boda *es a* las diez menos cuarto.

99. Léxico de prendas de vestir. Complete las siguientes frases con la palabra adecuada.

1. Las mujeres usan falda y pantalones; los hombres, ...
2. Las mujeres usan medias; los hombres, ...
3. Las mujeres usan blusa; los hombres, ...
4. Las mujeres usan bragas; los hombres, ...
5. Las mujeres usan vestido; los hombres, ...
6. Las mujeres usan camisón; los hombres, ...

Apuntes de clase

UNIDAD

16

100. **Imperativo. Verbos en *-ar*. Haga según el modelo.**

MODELO: estudi*ar* → estudi*a* (tú) / estudi*ad* (vosotros, -as).

tomar   → ...... / ......
trabajar → ...... / ......
usar   → ...... / ......
hablar   → ...... / ......
comprar → ...... / ......
mirar   → ...... / ......
cantar   → ...... / ......
esperar → ...... / ......

101. **Imperativo negativo. Verbos en *-ar*. Haga según el modelo.**

MODELO: us*ar* → *no* us*es* (tú) /*no* us*éis* (vosotros, -as).

trabajar → ...... / ......
mirar   → ...... / ......
hablar   → ...... / ......
tomar   → ...... / ......
comprar → ...... / ......
estudiar → ...... / ......
bailar   → ...... / ......
fallar   → ...... / ......

102. Imperativo. Verbos en -*ar*. Haga según el modelo.

MODELO: trabaj*ar* → { trabaj*e* (usted) / trabaj*en* (ustedes)
{ *no* trabaj*e* (usted) / *no* trabaj*en* (ustedes).

estudiar → ...... / ......
...... / ......
comprar → ...... / ......
...... / ......
hablar → ...... / ......
...... / ......
usar → ...... / ......
...... / ......
mirar → ...... / ......
...... / ......
tomar → ...... / ......
...... / ......

103. Género de nombres terminados en -*l*.

MODELO: *el* mal ≠ *la* piel.

...... cárcel.   ...... árbol.
...... sal.   ...... postal.
...... hotel.   ...... hostal.
...... portal.   ...... señal.
...... papel.   ...... animal.

104. Posesivos. Ponga *nuestro, nuestra, nuestros, nuestras*, según el caso.

MODELO: *nuestra* iglesia.

...... tenedores.   ...... tazas.
...... médico.   ...... revista.
...... nevera.   ...... cajas.
...... cerveza.   ...... baño.
...... jabón.   ...... escaleras.

105. **Artículo indeterminado. Ponga estas palabras en plural.**

Un plato gallego. →
Una noche oscura. →
Una tienda céntrica. →
Un tomate verde. →
Una cosa corriente. →
Un producto natural. →
Una mesa ancha. →
Una noticia importante. →
Un señor amable. →

106. **Expresión del peso y la medida. Lea estas frases.**

1. Jorge mide 1.80 metros.
2. Luisa pesa 55 kilos.
3. Granada está a 430 kilómetros de Madrid.
4. ¿Cuánto pesas? — Peso 75 kilos.
5. Esta habitación mide 6 metros de largo.
6. La mesa tiene 1 metro de ancho.
7. La torre de la iglesia mide 40 metros de alto.
8. En esta piscina caben 20.000 litros de agua.
9. Estos filetes pesan 300 gramos.
10. El camión carga 10 toneladas.

107. **Antónimos de adjetivos. Identifique los correspondientes de cada columna.**

feo   ≠ corto
largo   ≠ gordo
alto   ≠ estrecho
delgado   ≠ guapo (bonito)
ancho   ≠ bajo
triste   ≠ alegre (contento)

Apuntes de clase

108. Imperativo. Verbos en *-er*. Haga según el modelo.

MODELO: beb*er* → beb*e* (tú) / beb*ed* (vosotros, -as).

comprender → ...... / ......
aprender → ...... / ......
meter → ...... / ......
comer → ...... / ......
leer → ...... / ......
correr → ...... / ......
ceder → ...... / ......

109. Imperativo negativo. Verbos en *-er*. Haga según el modelo.

MODELO: met*er* → *no* met*as* (tú) / *no* met*áis* (vosotros, -as).

beber → ...... / ......
aprender → ...... / ......
leer → ...... / ......
comprender → ...... / ......
correr → ...... / ......
comer → ...... / ......
ceder → ...... / ......

110. Imperativo. Verbos en *-er*. Haga según el modelo.

MODELO: aprend*er* → { aprend*a* (usted) / aprend*an* (ustedes).
{ *no* aprend*a* (usted) / *no* aprend*an* (ustedes).

leer   → ...... / ......
            ...... / ......
beber   → ...... / ......
            ...... / ......
comprender → ...... / ......
            ...... / ......
comer   → ...... / ......
            ...... / ......
correr   → ...... / ......
            ...... / ......
meter   → ...... / ......
            ...... / ......

111. Pronombres personales. Ponga el pronombre correspondiente, según el modelo.

MODELO: (a mí) { *me* gusta Julio Iglesias (personas).
{ *me* gusta dormir (infinitivos).
{ *me* gusta la paella (cosas).

1. (A él) ...... gusta el flamenco.
2. (A ella) ...... gusta andar.
3. ¿No (a usted) ...... gusta la tortilla de patatas?
4. (A nosotros) ...... gusta el calor.
5. ¿(A vosotras) ...... gusta la playa?
6. ¿(A ustedes) ...... gusta Tom Cruise?
7. No (a ellos) ...... gusta el director.
8. (A ti) ...... gusta comer bien.
9. (A vosotros) ...... gusto yo.
10. (A ellos) ...... gustáis vosotras.

112. **Posesivos. Ponga** *vuestro, vuestra, vuestros, vuestras,* **según el caso.**

MODELO: *vuestros* padres.

...... ropa.   ...... papeles.
...... programa.   ...... costumbre.
...... exámenes.   ...... leyes.
...... vacaciones.   ...... rey.
...... mantel.   ...... manos.

113. **Comparación del adjetivo** *(más...que).*

MODELO: La Luna es *más* pequeña *que* la Tierra.

1. Este gato es ...... grande ...... tu perro.
2. El día es ...... largo ...... la noche.
3. Un telegrama es ...... caro ...... una carta.
4. El bolígrafo es ...... práctico ...... la pluma.
5. El mercado es ...... viejo ...... la iglesia.
6. Raquel es ...... atenta ...... su prima.

114. **Ponga el verbo** *gustar* **en la forma correcta del presente, según el modelo.**

MODELO: { Me *gustan* las vacaciones.
         { Me *gustan* los italianos.

1. ¿No te ...... estos tomates?
2. No le ...... los políticos.
3. No nos ...... esas tiendas.
4. ¿Os ...... los relojes suizos?
5. Les ...... mucho sus vecinos.
6. ¿Te ...... yo?

115. **Lea estas letras del alfabeto.**

a	b	c
d	ch	e
f	g	h
i	j	k

Apuntes de clase

116. **Imperativo. Verbos en *-ir*. Haga según el modelo.**

MODELO: abr*ir* → abr*e* (tú) / abr*id* (vosotros, -as).

escribir → ...... / ......
recibir → ...... / ......
dividir → ...... / ......
subir → ...... / ......
repartir → ...... / ......
cumplir → ...... / ......

117. **Imperativo negativo. Verbos en *-ir*. Haga según el modelo.**

MODELO: escrib*ir* → *no* escrib*as* (tú) / *no* escrib*áis* (vosotros, -as).

subir → ...... / ......
dividir → ...... / ......
abrir → ...... / ......
repartir → ...... / ......
recibir → ...... / ......
partir → ...... / ......

118. Imperativo. Verbos en -*ir*. Haga según el modelo.

MODELO: sub*ir* → { sub*a* (usted)   / sub*an* (ustedes).
                 { *no* sub*a* (usted) / *no* sub*an* (ustedes).

dividir   → ...... / ......
            ...... / ......
abrir   → ...... / ......
            ...... / ......
escribir → ...... / ......
            ...... / ......
recibir   → ...... / ......
            ...... / ......
repartir → ...... / ......
            ...... / ......

119. Posesivos. Ponga *su, sus,* según el caso.

MODELO: *su* helado.

...... sombreros.   ...... tortilla.
...... muebles.   ...... carne.
...... jersey.   ...... blusas.
...... boca.   ...... regalos.
...... motor.   ...... espejo.

120. Comparación del adjetivo *(tan... como).*

MODELO: La cerveza (no) es *tan* cara *como* el vino.

1. Marzo es ...... largo ...... julio.
2. El cine no es ...... antiguo ...... el teatro.
3. El bigote no es ...... corriente ...... la barba.
4. El barco no es ...... rápido ...... el avión.
5. Pedro es ...... gordo ...... Juan.
6. Esta chaqueta es ...... elegante ...... el abrigo.
7. Vuestro piso es ...... caro ...... el de Pedro.
8. Sonia no es ...... simpática ...... su hermana.
9. Tu comida es ...... rica ...... la de mamá.
10. Todos somos ...... guapos ...... ellos.

121. Lea estas letras del alfabeto.

i	j	k
l	ll	m
n	ñ	o

122. Expresión del peso y la medida. Conteste a estas preguntas.

1. ¿Cuánto mide la torre de la iglesia? ~
2. ¿A qué distancia está Granada de Madrid? ~
3. ¿Cuánto pesa Luisa? ~
4. ¿Cuánto tiene la mesa de ancho? ~
5. ¿Cuántos litros de agua caben en esta piscina? ~
6. ¿Cuánto mide Jorge? ~
7. ¿Cuánto pesan estos filetes? ~
8. ¿Cuánto mide esta habitación de largo? ~

123. Nombres de animales domésticos. Complete las palabras siguientes con las letras necesarias.

bu — — o
cab — — — o
pe — — o
ga — o
va — a
gall — — a
p — to
ga — — o
co — — jo
cor — — — o

Apuntes de clase

124. Imperativo *(e/ie)*. **Repita según el modelo.**

MODELO: pen*s*ar → { p*ie*nsa (tú) / p*ie*nse (usted).
p*e*nsad (vosotros, -as) / p*ie*nsen (ustedes).

cerrar → ...... / ......
...... / ......
encender → ...... / ......
...... / ......
despertar → ...... / ......
...... / ......
calentar → ...... / ......
...... / ......
confesar → ...... / ......
...... / ......
defender → ...... / ......
...... / ......

125. Imperativo. Haga el ejercicio anterior en forma negativa, según el modelo

MODELO: pen*s*ar → { *no* p*ie*nses (tú) / *no* p*ie*nse (usted).
no pen*s*éis (vosotros, -as) / *no* p*ie*nsen (ustedes).

126. Número de sustantivos en -z *(z > ces)*.

MODELO: la luz / las luces.

El lápiz / los ......
El pez / los ......
La cruz / las ......
La vez / las ......
La paz / las ......

127. Posesivos. Complete las palabras, según el modelo.

MODELO: nuestr-*o* amor.

M...... viajes.
Vuestr...... pregunta.
T...... sellos.
Vuestr...... faldas.
T...... maletas.
S...... mujer.
S...... medicinas.
Nuestr...... habitación.
S...... respuesta.
M...... barcos.
Vuestr...... espejo.
M...... cena.

128. Superlativo del adjetivo con *muy*.

MODELO: este viaje es *barato + barato = muy* barato.

1. El problema es difícil + difícil =
2. El aire es puro + puro =
3. La noche es larga + larga =
4. La playa es ancha + ancha =
5. El postre es dulce + dulce =
6. El avión es rápido + rápido =
7. El tráfico es pesado + pesado =
8. La naturaleza es bella + bella =

129. Lea estas letras del alfabeto.

p	q	r
rr	s	t
u	v	w
x	y	z

130. Nombres de establecimientos. Conteste a estas preguntas con el nombre apropiado.

EJEMPLO: ¿Dónde compras el pan? ~ *En la panadería.*

1. ¿Dónde compras las medicinas? ~
2. ¿Dónde compras los cigarrillos? ~
3. ¿Dónde compras los sellos? ~
4. ¿Dónde compras la carne? ~
5. ¿Dónde compras el pescado? ~
6. ¿Dónde compras las herramientas? ~
7. ¿Dónde compras los libros? ~
8. ¿Dónde compras los cepillos de dientes? ~
9. ¿Dónde compras el periódico? ~
10. ¿Dónde compras el pan? ~

Apuntes de clase

131. Imperativo *(o/ue)*. Repita según el modelo.

MODELO: volv*er* → { *vue*lve (tú) / *vue*lva (usted).
{ *vo*lved (vosotros, -as) / *vue*lvan (ustedes).

recordar → ...... / ......
...... / ......
mover → ...... / ......
...... / ......
soltar → ...... / ......
...... / ......
contar → ...... / ......
...... / ......
aprobar → ...... / ......
...... / ......
encontrar → ...... / ......
...... / ......

132. Imperativo negativo. Haga el ejercicio anterior, según el modelo.

MODELO: volv*er* → { *no* *vue*lvas (tú) / *no* *vue*lva (usted).
{ *no* volváis (vosotros, -as) / *no* *vue*lvan (ustedes).

133. Posesivos. Ponga *mío, -a, -os, -as; tuyo, -a, -os, -as,* según convenga.

1. El traje es (de mí) ......
2. Estas ovejas son (de ti) ......
3. Aquel periódico es (de mí) ......

4. Esta isla es (de mí) ......
5. Estos papeles son (de ti) ......
6. La silla es (de mí) ......

134. Lea estos números ordinales.

1.º
2.º
3.º
4.º
5.º

135. Ponga *primer* o *tercer,* según los casos.

1. Vivimos en el (1) ...... piso.
2. Esta autora tiene el (3) ...... premio.
3. Éste es el (1) ...... caso de gripe este año.
4. Está en el (3) ...... lugar de la lista.
5. El miércoles es el (3) ...... día de la semana.
6. Enero es el (1) ...... mes del año.

136. Ponga las formas apropiadas de los ordinales en estas frases.

1. Las (1) ...... semanas de vida son las más difíciles.
2. Febrero es el (2) ...... mes del año.
3. Viven en el (1) ...... y nosotros en el (3) ......
4. Ustedes son los (1) ......
5. Ésta es la (4) ...... vez.
6. Este ascensor sube al (5) ......
7. Mi padre está en la (3) ...... edad de la vida.
8. Esta señora es la (5) ...... en la cola.

137. **Recopilación de léxico. Haga frases con las siguientes palabras o expresiones.**

panadería   ir de paseo
delgado   tiza
calzoncillos   estrecho
papelera   ¡buen viaje!
¡lo siento!   camisón

138. **Recopilación de léxico. Haga frases con las siguientes palabras o expresiones.**

pupitre   valer la pena
triste   carnicería
vestido   boda
perfumería   bella
falda   taza

Apuntes de clase

139. **Imperativo** *(e/i)*. **Repita según el modelo.**

MODELO: servir → { sí**r**ve (tú) / sí**r**va (usted).
servid (vosotros, -as) / sí**r**van (ustedes).

pedir → ...... / ......
...... / ......
medir → ...... / ......
..,..... / ......
seguir → ...... / ......
...... / ......
repetir → ...... / ......
...... / ......
freír → ...... / ......
...... / ......
reír → ...... / ......
...... / ......

140. **Imperativo negativo. Haga el ejercicio anterior, según el modelo.**

MODELO: serv**i**r → { *no* sí**r**vas (tú) / *no* sí**r**va (usted).
no sir**v**áis (vosotros, -as) / *no* sí**r**van (ustedes).

141. **Imperativo. Cambios ortográficos. Ponga en forma negativa.**

coge →
coged →
conducid →

corrige →
huye →
construye →
apaga →
juega →
coja usted →
exige →
traduce →
corregid →
huid →
sustituid →
paga →
jugad →

142. Lea estos números ordinales.

6.º
7.º
8.º
9.º
10.º

143. Posesivos. Ponga *suyo, -a, -os, -as,* según convenga.

1. Estas sábanas son (de él) . . . . . .
2. El sobre es (de usted) . . . . . .
3. Esas herramientas son (de ellos) . . . . . .
4. Ese tubo es (de ellas) . . . . . .
5. Esta taza de chocolate es (de ella) . . . . . .
6. Los melones son (de ustedes) . . . . . .
7. Este pantalón es (de vosotros) . . . . . .
8. Estas blusas son (de vosotras) . . . . . .

144. Días de la semana. Complete las frases, según el modelo.

MODELO: El primer día de la semana es el *lunes.*

1. El segundo día de la semana es el . . . . . .
2. El tercero es el . . . . . .

3. El cuarto es el ......
4. El quinto es el ......
5. El sexto es el ......
6. El séptimo es el ......

145. Ponga los artículos *el* o *los,* según el modelo.

MODELO: Hoy es lunes; *el (los)* lunes me levanto temprano.

1. Mañana es martes; ...... martes voy al supermercado.
2. Hoy es sábado; ...... sábados descanso.
3. Mañana es miércoles; ...... miércoles veo la película de la tele.
4. Hoy es domingo; ...... domingos no salgo de casa.
5. Mañana es jueves; ...... jueves hacemos «jogging».
6. Hoy es viernes; ...... viernes cenamos fuera.

146. Modismos con *hacer.* Conteste a estas preguntas afirmativa o negativamente.

EJEMPLO: ¿Hace frío hoy? → *Sí/No* hace frío.

1. ¿Hace viento esta mañana? →
2. ¿Hace buen tiempo hoy? →
3. ¿Hace frío en tu país? →
4. ¿Hace calor en la clase? →
5. ¿Hace sol esta tarde? →
6. ¿Hace aire en el jardín? →

Apuntes de clase

147. Imperativos irregulares. Dé el infinitivo correspondiente a estas formas del imperativo.

MODELO: sal → *salir.*

ten   →
ve   →
haz   →
sé   →
pon   →
ven   →
di   →

148. Imperativos irregulares. Ponga en forma afirmativa.

no tengas   →
no vengas   →
no pongas   →
no veas   →
no hagas   →
no digas   →
no seas   →

149. Artículo determinado con días de la semana. Conteste a estas preguntas libremente.

EJEMPLO: ¿Qué hace usted *los lunes?* ~ *Los lunes* voy a clase.

1. ¿Qué haces el martes? ~
2. ¿Qué haces el miércoles? ~
3. ¿Qué hace usted los jueves? ~
4. ¿Qué haces el viernes? ~
5. ¿Qué hace usted los sábados? ~
6. ¿Qué haces el domingo?

150. Género. Adjetivos invariables. Use estos adjetivos con nombres masculinos o femeninos apropiados.

triste	útil
verde	urgente
alegre	común

151. Verbo *caer* y estaciones del año. Conteste a estas preguntas.

1. ¿En qué estación del año cae abril? ~
2. ¿En qué estación cae julio? ~
3. ¿En qué estación cae enero? ~
4. ¿En qué estación cae noviembre? ~
5. ¿En qué estación cae agosto? ~
6. ¿En qué estación cae mayo? ~

152. *Ser.* Expresión de la fecha. Conteste libremente a estas preguntas, según el ejemplo.

EJEMPLO: ¿Qué fecha *es hoy?* ~ *Hoy es* lunes, 20 de septiembre de 1990.

1. ¿Qué fecha es mañana? ~
2. ¿(En) qué fecha empieza el curso? ~
3. ¿(En) qué fecha cae tu cumpleaños? ~
4. ¿Qué fecha es el próximo miércoles? ~
5. ¿En qué fecha terminan las clases? ~
6. ¿En qué fecha cae la Semana Santa? ~

153. **Nombres de lenguas. Conteste a las siguientes preguntas con el sustantivo de lengua adecuado.** *Qué* ≠ *cuál.*

1. ¿Qué lengua habla usted? ~
2. ¿Qué lengua habla Yoko? ~
3. ¿Qué lengua habla Alí? ~
4. ¿Qué lengua habla Helga? ~
5. ¿Qué lengua habla Jim? ~
6. ¿Qué lengua habla Giovanni? ~
7. ¿Qué lengua habla Aristóteles? ~
8. ¿Qué lengua habla Monique? ~
9. ¿Qué lengua habla Manolo? ~
10. ¿Qué lengua habla Boris? ~
11. ¿Cuál habla Jeremy? ~
12. ¿Cuál habla Peter? ~
13. ¿Cuál habla David? ~

Apuntes de clase

154. **Expresión del futuro inmediato. Ponga la forma apropiada del presente de *ir a*, según el modelo.**

MODELO: Mañana (yo) *voy a* visitarte.

1. Mañana (tú) ...... dar clase.
2. Mañana (él) ...... llamarnos por teléfono.
3. Mañana (ella) ...... trabajar menos.
4. Mañana (usted) ...... recibir un premio.
5. Mañana (nosotros, -as) ...... coger el metro.
6. Mañana (vosotros, -as) ...... saber la verdad.
7. Mañana (ellos, -as) ...... pintar la casa.
8. Mañana (ustedes) ...... tener tiempo.

155. **Expresión del futuro inmediato e intencionalidad. Haga frases con estas palabras y una forma apropiada del presente de *ir a* + infinitivo.**

EJEMPLO: La semana que viene *voy a comer* al campo.

1. El mes que viene →
2. Esta noche →
3. Ahora →
4. Luego →
5. El año que viene →
6. Pasado mañana →
7. Mañana por la mañana →
8. La semana que viene →
9. Esta tarde →
10. El verano que viene →

156. **Imperativos irregulares. Dé las formas de imperativo, afirmativa y negativa, correspondientes a *usted/ustedes,* de estos verbos.**

dar: ...... / ...... /
            ...... / ...... /
hacer: ...... / ...... /
            ...... / ...... /
poner: ...... / ...... /
            ...... / ...... /
decir: ...... / ...... /
            ...... / ...... /
ir: ...... / ...... /
            ...... / ...... /
oír: ...... / ...... /
            ...... / ...... /
traer: ...... / ...... /
            ...... / ...... /

157. **Imperativos irregulares. Dé el plural *(vosotros)* correspondiente a estas formas.**

di: ......
ven: ......
ve: ......
sé: ......
haz: ......
ten: ......
pon: ......

158. **Verbos *caer* y *ser*. Conteste a estas preguntas.**

1. ¿Cuándo es tu cumpleaños? ~
2. ¿En qué mes (o meses) cae la Semana Santa? ~
3. ¿Cuándo es el día de tu santo? ~
4. ¿En qué mes cae su aniversario de boda? ~
5. ¿En qué mes cae el Carnaval? ~
6. ¿Cuándo son las vacaciones de Navidad? ~
7. ¿En qué meses caen las vacaciones de verano? ~
8. ¿Cuándo es la fiesta? ~

9. ¿Cuándo son los exámenes? ~
10. ¿En qué día cae la excursión? ~

159. **Conteste a estas preguntas con la preposición *con* y la palabra o palabras adecuadas.**

1. ¿Con qué comemos la carne? ~
2. ¿Con qué abrimos las puertas? ~
3. ¿Con qué escribimos? ~
4. ¿Con qué tomamos la sopa? ~
5. ¿Con qué cortamos las telas? ~
6. ¿Con qué anda un coche? ~

Apuntes de clase

160. **Ponga la forma correspondiente del indefinido *ser* con ordinales, según el modelo.**

MODELO: (Yo) *fui* el (la) primero(a).

(Tú) . . . . . . el (la) primero(a).
(Él, ella, usted) . . . . . el (la) primero(a).
(Nosotros, -as) . . . . . . los (las) primeros(as).
(Vosotros, -as) . . . . . . los (las) primeros(as).
(Ellos, -as, ustedes) . . . . . . los (las) primeros(as).

161. **Ponga la forma correspondiente del indefinido de *ser* con ordinales, según el modelo.**

MODELO: ¿*Fui* (yo) el (la) primero(a)?

¿. . . . . . (tú) el (la) segundo(a)?
¿. . . . . . (él, ella, usted) el (la) segundo(a)?
¿. . . . . . (nosotros, -as) los (las) segundos(as)?
¿. . . . . . (vosotros, -as) los (las) segundos(as)?
¿. . . . . . (ellos, -as, ustedes) los (las) segundos(as)?

162. **Ponga la forma correspondiente del indefinido de *ser* con ordinales, según el modelo.**

MODELO: (Yo) *no fui* el tercero.

1. (Tú) . . . . el (la) tercero(a).
2. (Él, ella, usted) . . . . el (la) tercero(a).

3. (Nosotros, -as) .... los (las) terceros(as).
4. (Vosotros, -as) .... los (las) terceros(as).
5. (Ellos, -as, ustedes) .... los (las) terceros(as).

163. Verbo *ser*. Conteste a estas preguntas libremente.

1. ¿Qué día es hoy? ~
2. ¿Qué día es mañana? ~
3. ¿Qué día va usted a la iglesia? ~
4. ¿Qué día descansas? ~
5. ¿Qué días trabaja usted? ~
6. ¿Qué días tenéis vosotras clase? ~

164. Ponga el acento ortográfico en la sílaba adecuada de los siguientes nombres.

arbol	pajaro
medico	America
salon	Tomas
mama	lapiz
azucar	util

165. Conteste a las siguientes preguntas utilizando el nombre de la habitación de la casa adecuado en cada caso.

1. ¿Dónde hace usted la comida? ~
2. ¿Dónde recibe usted a sus amigos? ~
3. ¿Dónde duerme usted? ~
4. ¿Dónde bañamos al niño? ~
5. ¿Dónde sirve usted la comida? ~
6. ¿Dónde oye música? ~

Apuntes de clase

UNIDAD

25

166. Ponga la forma correspondiente del indefinido de *ser* con ordinales, según el modelo.

MODELO: ¿No *fui* (yo) el tercero?

1. ¿No . . . . . . (tú) el (la) tercero(a).
2. ¿No . . . . . . (él, ella, usted) el (la) tercero(a)?
3. ¿No . . . . . . (nosotros, -as) los (las) terceros(as)?
4. ¿No . . . . . . (vosotros, -as) los (las) terceros(as)?
5. ¿No . . . . . . (ellos, -as, ustedes) los (las) terceros(as)?

167. Ponga la forma correspondiente del indefinido de *estar,* según el modelo.

MODELO: Ayer (yo) *estuve* enfermo(a).

1. Ayer (tú) . . . . . . enfermo(a).
2. Ayer (él, ella, usted) . . . . . . enfermo(a).
3. Ayer (nosotros, -as) . . . . . . enfermos(as).
4. Ayer (vosotros, -as) . . . . . . enfermos(as).
5. Ayer (ellos, -as, ustedes) . . . . . . enfermos(as).

168. Conteste a estas preguntas con la forma apropiada del indefinido de *estar,* según el modelo.

MODELO: ¿Cuándo *estuvo* usted enfermo? → Ayer *estuve* enfermo.

1. ¿Cuándo estuviste enfermo? → Ayer (yo) . . . . . . enfermo.
2. ¿Cuándo estuvo (usted, él, ella) enfermo(a)? → Ayer . . . . . . enfermo(a).

3. ¿Cuándo estuvimos (nosotros) enfermos? → Ayer ...... enfermos.
4. ¿Cuándo estuvisteis (vosotros) enfermos? → Ayer ...... enfermos.
5. ¿Cuándo estuvieron (ellos, -as, ustedes) enfermos(as)? → Ayer ...... enfermos(as).

169. Ponga la forma correspondiente del pronombre reflexivo, según el modelo.

MODELO: *Me* lavo.

...... levanto.
...... acuestas.
...... viste (él).
...... peina (ella).
...... baña (usted).
...... quitamos.
...... ponéis.
...... sientan (ellos).
...... limpian (ustedes).
...... paran (ellas).
...... equivoca (ella).
...... laváis.
...... despedimos.
...... va (ella).

170. Verbos reflexivos. Ponga el verbo en la forma correcta del presente.

1. Jaime (levantarse) ...... temprano.
2. (Él) no (quitarse) ...... los zapatos en casa.
3. (Yo-vestirme) ...... de torero.
4. (Ella-bañarse) ...... con agua fría.
5. Este autobús no (pararse) ...... en esta parada.
6. Enrique apenas ...... lava. Es sucio.

171. Conteste a estas preguntas con una frase completa.

1. ¿A qué hora se levantan ellas? ~
2. ¿A qué hora se acuestan ustedes? ~

3. ¿A qué hora se baña el niño? ~
4. ¿A qué hora te acuestas en invierno? ~
5. ¿A qué hora te duchas? ~
6. ¿A qué hora te levantas los domingos? ~
7. ¿A qué hora os vais de casa? ~
8. ¿A qué hora te marchas a clase? ~

172.   Conteste a las siguientes preguntas con la palabra o palabras adecuadas.

1. ¿Con qué se limpia usted los dientes? ~
2. ¿Con qué se seca usted las manos? ~
3. ¿Con qué se lava usted? ~
4. ¿Con qué se peina usted? ~
5. ¿Con qué se pinta usted los labios? ~
6. ¿Con qué se afeita usted? ~

Apuntes de clase

UNIDAD 26

173. Verbos en -ar. Conjúguese el indefinido de estos verbos.

hablar: .... / .... / .... / .... / .... / ....
trabajar: .... / .... / .... / .... / .... / ....
estudiar: .... / .... / .... / .... / .... / ....
bailar: .... / .... / .... / .... / .... / ....
charlar: .... / .... / .... / .... / .... / ....
mirar: .... / .... / .... / .... / .... / ....

174. Verbos en -er e -ir. Conjugue el indefinido de estos verbos.

comer: .... / .... / .... / .... / .... / ....
comprender: .... / .... / .... / .... / .... / ....
vivir: .... / .... / .... / .... / .... / ....
escribir: .... / .... / .... / .... / .... / ....
recibir: .... / .... / .... / .... / .... / ....
aprender: .... / .... / .... / .... / .... / ....

175. Ponga el verbo en la forma apropiada del indefinido, según los casos.

1. ¿(Aprender) ...... (tú) mucho en la Universidad?
2. (Ellas) no (abrir) ...... la ventana.
3. ¿(Estudiar) ...... Clara en Oxford?
4. Antonio (vivir) ...... mucho tiempo en el norte de Europa.
5. Miguel (subir) ...... las escaleras de dos en dos.
6. ¿(Recibir) ...... usted el telegrama?
7. Ayer (yo-tomar) ...... chocolate con Mara.
8. ¿(Bailar-vosotras) ...... mucho anoche?

176. Haga preguntas apropiadas para estas respuestas con el indefinido.

EJEMPLO: *Vi* a María el lunes. → *¿Viste* a María el lunes?

1. ¿......? → No hablamos con el portero.
2. ¿......? → Vi la foto en el periódico.
3. ¿......? → Mis padres no usaron el garaje.
4. ¿......? → (Ellas) compraron la mantequilla.
5. ¿......? → La alumna escribió la frase en la pizarra.
6. ¿......? → (Ellos) vivieron en el sur de España.
7. ¿......? → (Nosotros) tomamos una taza de té.
8. ¿......? → (Él) no abrió la puerta del coche.

177. Verbos reflexivos. Ponga el verbo en la forma correcta del presente.

1. (Él-limpiarse) ...... las gafas con el pañuelo.
2. Mi hermano (ponerse) ...... el jersey en verano.
3. Los viejos (sentarse) ...... al sol.
4. Vosotras (acostarse) ...... tarde.
5. Nosotros (peinarse) ...... tres veces al día.
6. Luis (equivocarse) ...... mucho.

178. Conteste a estas preguntas, según el modelo.

MODELO: ¿Cómo *te llamas?* ∼ *Me llamo* Juan.

1. ¿Cómo se llama usted? ∼
2. ¿Cómo se llama ella? ∼
3. ¿Cómo se llama tu amigo? ∼
4. ¿Cómo os llamáis? ∼
5. ¿Cómo se llaman estos estudiantes? ∼
6. ¿Cómo se llaman ustedes? ∼

179. Modismos con *tener.* Use la palabra adecuada de la columna de la derecha.

1. Me voy a la cama; tengo ......   prisa
2. Voy a coger un taxi; tengo ......   miedo
3. El plato está muy caliente; ¡ten ......! sueño

4. Ayer perdí el tren; ¡tú tienes ......!   cuidado
5. Hoy es jueves y no viernes; ¡no tienes ......!   razón
6. ¿No subes al avión? ¿Tienes ......?   hambre
7. ¿Por qué no comes? ¿No tienes ......?   la culpa

180.   Modismos con *tener*. Conteste a las siguientes preguntas con las expresiones del ejercicio anterior.

1. ¿Por qué corre tu amiga? → Porque ......
2. ¿Por qué te acuestas temprano hoy? → Porque ......
3. ¿Por qué pierde el dinero? → Porque no ......
4. ¿Por qué pides perdón? → Porque ......
5. ¿Por qué estás tan seguro? → Porque ......
6. ¿Por qué no subes al árbol? → Porque ......
7. ¿Por qué sacas el bocadillo? → Porque ......

Apuntes de clase

181. Verbos irregulares. Conjugue el indefinido de estos verbos.

EJEMPLO: tener: *tuve - tuviste - tuvo - tuvimos - tuvisteis - tuvieron.*

poder: .... / .... / .... / .... / .... / ....
andar: .... / .... / .... / .... / .... / ....
saber: .... / .... / .... / .... / .... / ....
poner: .... / .... / .... / .... / .... / ....
traducir: .... / .... / .... / .... / .... / ....
ver: .... / .... / .... / .... / .... / ....

182. Verbos irregulares. Ponga la forma apropiada del indefinido de estos verbos.

1. (Yo-andar) ...... siete kilómetros.
2. (Nosotros-saber) ...... la noticia a las ocho.
3. (Ella-poner) ...... el bocadillo de jamón en la nevera.
4. (Ellas) no (poder) ...... llegar a tiempo.
5. ¿(Vosotros) ayer (tener) ...... frío?
6. ¿(Andar) ...... (tú) todo el camino?
7. ¿Anoche (ella-traducir) ...... tres páginas de latín.
8. ¿Qué obra (ver) ...... (vosotros)?

183. **Verbos irregulares. Conjugue el indefinido de estos verbos.**

EJEMPLO: hacer (yo, tú, él, etc.): *hice - hiciste - hizo - hicimos - hicisteis - hicieron.*

decir ⎰ la verdad

venir ⎰ tarde

querer ⎰ preguntarlo

dar ⎰ el regalo

184. **Verbos irregulares. Conjugue el indefinido de estos verbos.**

EJEMPLO: ir: *fui - fuiste - fue - fuimos - fuisteis - fueron.*

traer: .... / .... / .... / .... / .... / ....
poder: .... / .... / .... / .... / .... / ....

185. Dé la forma correcta del indefinido de estos verbos.

1. (Ustedes-venir) ......
2. (Vosotras-dar) ......
3. (Ellos-hacer) ......
4. (Tú-decir) ......
5. (Usted-querer) ......
6. (Ella-traer) ......
7. (Yo-ir) ......
8. (Nosotros-poder) ......

186. Lea estos numerales en contexto.

EJEMPLO: 1 mujer = *una* mujer.

4 hombres
El 5 piso
La 6 vez
Isabel II
12 personas
28 pesetas
León X
La 9 sinfonía
Lección 9
41 dólares
Juan Carlos I
La 4 línea

187. *Tener*. Expresión de la edad. Conteste a estas preguntas libremente.

EJEMPLO: ¿Cuántos años tiene usted? ~ *Tengo 40 años.*

1. ¿Cuántos años tiene tu padre? ~
2. ¿Cuántos años tiene su madre (de usted)? ~
3. ¿Cuántos años tiene tu prima? ~
4. ¿Cuántos años tiene su hija (de él)? ~
5. ¿Cuántos años tiene tu abuela? ~
6. ¿Cuántos años tiene su marido (de usted)? ~
7. ¿Cuántos años tiene su mujer (de él)? ~
8. ¿Cuántos años tiene tu tío? ~

Apuntes de clase

188. **Verbos irregulares. Ponga el verbo entre paréntesis en la forma apropiada del indefinido.**

1. Carmen y Luisa no (traer) ...... dinero.
2. ¿A qué hora (venir) ...... tus hermanos?
3. (Nosotros) nunca (saber) ...... la verdad.
4. Ayer (vosotros) no (ir) ...... a clase.
5. (Ellas) no (querer) ...... viajar en avión.
6. La policía no me (dar) ...... el pasaporte.
7. ¿Qué (hacer) ...... (tú) la semana pasada?
8. (Yo-decir) ...... muchas cosas en la reunión.
9. ¿(Vosotros-poder) ...... dormir después de la cena?
10. ¿Qué (ellas-oír) ...... en la cafetería?

189. **Conjugue el imperfecto de los siguientes verbos regulares en *-ar*, según el modelo.**

MODELO: hablar: habl*aba* - habl*abas* - habl*aba* - habl*ábamos* - habl*abais* - habl*aban*.

estudiar: .... / .... / .... / .... / .... / ....
trabajar: .... / .... / .... / .... / .... / ....
tomar: .... / .... / .... / .... / .... / ....
cantar: .... / .... / .... / .... / .... / ....
bailar: .... / .... / .... / .... / .... / ....

190. **Complete las formas de estos verbos con las terminaciones correspondientes del imperfecto, según el modelo (verbos en *-er* e *-ir*).**

MODELO: comer: comía - comías - comía - comíamos - comíais - comían.

escribir: escrib..., escrib..., escrib..., escrib..., escrib..., escrib...
beber: beb..., beb..., beb..., beb..., beb..., beb...
recibir: recib..., recib..., recib..., recib..., recib..., recib...
aprender: aprend..., aprend..., aprend..., aprend..., aprend...,
          aprend...
correr: corr..., corr..., corr..., corr..., corr..., corr...

191. **Dé la forma correcta del imperfecto de estos verbos.**

1. (Tú-pensar) ......
2. (Vosotras-entender) ......
3. (Ustedes-preferir) ......
4. (Nosotros-recordar) ......
5. (Ellas-dormir) ......
6. (Yo-traducir) ......
7. (Vosotros-estar) ......
8. (Ellos-valer) ......

192. **Dé la forma correcta del imperfecto de estos verbos.**

1. (Ellos-vivir) ...... en mi calle.
2. (Margarita-usar) ...... tu coche.
3. (Mi vecino-perder) ...... siempre las llaves.
4. (Usted-pensar) ...... en sus hijos.
5. (Los niños-soler) ...... despertarse temprano.
6. (Mi novio-empezar) ...... a trabajar a las nueve.
7. (Ella-estar) ...... en casa antes de las diez.
8. El cumpleaños (caer) ...... en lunes.

193. Lectura de signos matemáticos en operaciones aritméticas. Uso de *ser*.

EJEMPLO: $2+2=4$ (dos más dos *son* cuatro).

1.	$1-1=0$	$+$ (más)
2.	$5\times 4=20$	$-$ (menos)
3.	$15+15=30$	$\times$ (por)
4.	$100:20=5$	$:$ (entre)
5.	$6\times 10=60$	
6.	$55-15=40$	
7.	$21:3=7$	
8.	$75+5=80$	

194. Nombres de países y ciudades. Rellene los puntos con el nombre de la ciudad correspondiente de la columna de la derecha.

1. La capital de Suecia es ......   Berna
2. La capital de la India es ......   La Haya
3. La capital de Bélgica es ......   Estocolmo
4. La capital de Holanda es ......   Nueva Delhi
5. La capital de Suiza es ......   Bruselas
6. La capital de Rusia es ......   Pekín
7. La capital de China es ......   Moscú

Apuntes de clase

195. Dé la forma apropiada del imperfecto de *ser*.

(yo) ....
(tú) ....   } el (la) primero(a)
(él, ella, usted) ......

(nosotros, -as) ......
(vosotros, -as) ......   } los (las) primeros(as)
(ellos, -as, ustedes) ..

196. Dé la forma apropiada del imperfecto de *ver*.

(yo) ....
(tú) ....
(él, ella, usted) ......
(nosotros, -as) ....
(vosotros, -as) ....
(ellos, -as, ustedes) ...

197. Dé la forma apropiada del imperfecto de *ir*.

(yo) ....   a la fiesta.
(tú) ....   a la fiesta.
(él, ella, usted) ......   a la fiesta.
(nosotros, -as) ....   a la fiesta.
(vosotros, -as) ....   a la fiesta.
(ellos, -as, ustedes) ...   a la fiesta.

198. Complete las formas de *ser, ir* y *ver* con las terminaciones correspondientes del imperfecto.

(Ellos) e...... extranjeros.
(Tú) i...... a pie.
(Vosotros) v...... bien.
(Mi padre) e...... capitán.
(Nosotras) í...... delante de ella.
(Carmina) no v...... sin gafas.

199. Dé la forma apropiada del imperfecto de los siguientes verbos.

1. (Ser) ...... las siete de la tarde.
2. (Nosotros) entonces (ir) ...... mucho al cine.
3. Antes (yo) lo (ver) ...... muchas veces.
4. Todavía (ser) ...... temprano para cenar.
5. ¿No (ir) ...... (usted) nunca a los toros?
6. Los lunes (nosotras-ver) ...... a las dos hermanas en el parque.

200. Conteste a las siguientes preguntas con *para*+infinitivo.

1. ¿Para qué sirven las gafas? ~
2. ¿Para qué sirven las tijeras? ~
3. ¿Para qué sirve un peine? ~
4. ¿Para qué sirve una pluma? ~
5. ¿Para qué sirve un sofá? ~
6. ¿Para qué sirve un reloj? ~
7. ¿Para qué sirve la ropa? ~
8. ¿Para qué sirve un sacacorchos? ~
9. ¿Para qué sirven unas botas? ~
10. ¿Para qué sirve un llavero? ~

201. Léxico adjetival. Conteste a las preguntas con el adjetivo más adecuado de la columna de la derecha.

1. ¿Cómo es la calle? ~ Es a......   cuadrada
2. ¿Cómo es el río? ~ Es e......   redonda
3. ¿Cómo es la plaza de toros? ~ Es r...... estrecha

4. ¿Cómo es la habitación? ~ Es cu......   ancha
5. ¿Cómo es la cama? ~ Es b......   largas
6. ¿Cómo es el sofá? ~ Es d......   corto
7. ¿Cómo es el viaje? ~ Es co......   duro
8. ¿Cómo son las vacaciones de verano? ~ Son l......   blanda
9. ¿Cómo es la seda? ~ Es su......   dulce
10. ¿Cómo es la miel? ~ Es d......   suave

Apuntes de clase

UNIDAD

30

202. Conjugue el futuro simple de los siguientes verbos regulares e irregulares en *-ar, -er, -ir,* según el modelo.

MODELO:

$$(yo) \begin{cases} \text{hablar-} \\ \text{comer-} \\ \text{subir-} \end{cases} é, \qquad\qquad (tú) \begin{cases} \text{hablar-} \\ \text{comer-} \\ \text{subir-} \end{cases} ás,$$

$$(él, ella, usted) \begin{cases} \text{hablar-} \\ \text{comer-} \\ \text{subir-} \end{cases} á, \qquad (nosotros, -as) \begin{cases} \text{hablar-} \\ \text{comer-} \\ \text{subir-} \end{cases} emos,$$

$$(vosotros, -as) \begin{cases} \text{hablar-} \\ \text{comer-} \\ \text{subir-} \end{cases} éis, \qquad (ellos, -as, ustedes) \begin{cases} \text{hablar-} \\ \text{comer-} \\ \text{subir-} \end{cases} án.$$

pensar: .... / .... / .... / .... / .... / ....
entender: .... / .... / .... / .... / .... / ....
servir: .... / .... / .... / .... / .... / ....
conducir: .... / .... / .... / .... / .... / ....
jugar: .... / .... / .... / .... / .... / ....
traer: .... / .... / .... / .... / .... / ....
bailar: .... / .... / .... / .... / .... / ....
charlar: .... / .... / .... / .... / .... / ....
cantar: .... / .... / .... / .... / .... / ....
andar: .... / .... / .... / .... / .... / ....

203. **Verbos irregulares. Conjugue el futuro simple de los siguientes ver-vos, según el modelo.**

MODELO: tener: ten⃞d⃞r-é; ten⃞d⃞r-ás; ten⃞d⃞r-á; ten⃞d⃞r-emos; ten⃞d⃞r-éis; ten⃞d⃞r-án.

venir: .... / .... / .... / .... / .... / ....

poner: .... / .... / .... / .... / .... / ....

salir: .... / .... / .... / .... / .... / ....

haber: .... / .... / .... / .... / .... / ....

204. **Verbos irregulares. Conjugue el futuro simple de estos verbos.**

saber: .... / .... / .... / .... / .... / ....

poder: .... / .... / .... / .... / .... / ....

caber: .... / .... / .... / .... / .... / ....

205. **Verbos irregulares. Conjugue el futuro simple de estos verbos.**

decir: .... / .... / .... / .... / .... / ....

hacer: .... / .... / .... / .... / .... / ....

querer: .... / .... / .... / .... / .... / ....

206. **Conteste a estas preguntas con _hay_.**

1. ¿Qué hay ahí? ~
2. ¿Dónde hay un restaurante? ~
3. ¿Quién hay en el servicio? ~
4. ¿Dónde hay una farmacia? ~
5. ¿Cuántos alumnos hay en clase? ~
6. ¿Cuánta gente hay en la plaza? ~
7. ¿Hasta cuándo hay vacaciones? ~
8. ¿Desde cuándo hay un garaje aquí? ~
9. ¿Cada cuánto hay tertulia? ~
10. ¿Hasta cuándo hay metro? ~

207. Haga preguntas correspondientes a estas respuestas con *hay* y pronombres interrogativos.

1. ¿. . . . .?
   Hay una farmacia en la esquina.
2. ¿. . . . .?
   En clase hay 16 alumnos.
3. ¿. . . . .?
   Hay un restaurante en el centro del pueblo.
4. ¿. . . . .?
   Hay casi 2.000 personas en la plaza.
5. ¿. . . . .?
   Hay una señorita en el servicio.
6. ¿. . . . .?
   Ahí hay un cenicero.
7. ¿. . . . .?
   Hasta septiembre hay vacaciones.
8. ¿. . . . .?
   Hay un garaje desde hace un año.
9. ¿. . . . .?
   Hay tertulia cada cinco días.
10. ¿. . . . .?
    Hay metro hasta las tres de la mañana.

208. Ejercicio de acentuación. Ponga el acento ortográfico en la sílaba adecuada.

sillon	aqui
razon	numero
jabon	carniceria
maquina	platano
util	papa

209. Recopilación de léxico. Haga frases con las siguientes palabras y expresiones.

hacer buen tiempo   cocina
blando   ¿Cada cuánto .....?
pasta de dientes   ¿Desde cuándo .....?
tener razón   ¿Hasta cuándo ......?
cuchillo   suave
tener sueño   llavero
dormitorio   charlar

Apuntes de clase

210. **Conjugue el condicional simple de los siguientes verbos regulares en *-ar, -er, -ir*, según el modelo.**

MODELO: hablar: hablar*ía* - hablar*ías* - hablar*ía;* - hablar*íamos* - hablar*íais* - hablar*ían*.

entender: .... / .... / .... / .... / .... / ....
llevar: .... / .... / .... / .... / .... / ....
subir: .... / .... / .... / .... / .... / ....
jugar: .... / .... / .... / .... / .... / ....
esperar: .... / .... / .... / .... / .... / ....
vivir: .... / .... / .... / .... / .... / ....
bailar: .... / .... / .... / .... / .... / ....
caminar: .... / .... / .... / .... / .... / ....
comer: .... / .... / .... / .... / .... / ....
escribir: .... / .... / .... / .... / .... / ....

211. **Identifique las formas verbales de la derecha con los pronombres de la izquierda.**

yo	tendrían	habríais	vendríamos
tú	tendría	habría	vendrías
él, ella, usted	tendrías	habríamos	vendrían
nosotros, -as	tendríamos	habrían	vendríais
vosotros, -as	tendríais	habrías	vendría
ellos, -as, ustedes			

212. Conjugue el condicional simple de los siguientes verbos irregulares.

decir: .... / .... / .... / .... / .... / ....
hacer: .... / .... / .... / .... / .... / ....
querer: .... / .... / .... / .... / .... / ....

213. Coloque los pronombres personales correspondientes junto a las formas del condicional simple de estos verbos.

...... sabríamos	...... sabrían
...... sabrías	...... podrías
...... podrían	...... sabríais
...... sabría	...... podríais
...... podríamos	...... cabrían
...... podría	...... cabría

214. Conteste a estas preguntas con *para* + infinitivo.

EJEMPLO: ¿Para qué sirve una cama? ~ *Para dormir.*

1. ¿Para qué sirve un vaso? ~
2. ¿Para qué sirve un peine? ~
3. ¿Para qué sirve una piscina? ~
4. ¿Para qué sirve un lápiz? ~
5. ¿Para qué sirven los ojos? ~
6. ¿Para qué sirve el jabón? ~
7. ¿Para qué sirven las escaleras? ~
8. ¿Para qué sirve un ordenador? ~
9. ¿Para qué sirven unos guantes? ~
10. ¿Para qué sirve una bicicleta? ~

215. Recopilación de léxico. Haga frases con las siguientes palabras y expresiones.

hacer sol	lápiz de labios
cuarto de baño	cuadrado
tener prisa	guantes
jabón	corto
cuchara	miel

Apuntes de clase

216. Coloque los pronombres personales correspondientes junto a las formas del presente de indicativo del verbo *haber*.

   . . . . . . he   . . . . . hemos
   . . . . . . has   . . . . . habéis
   . . . . . . ha   . . . . . han

217. Identifique las formas verbales de la derecha con los pronombres de la izquierda.

     yo   hemos
     tú   he
     él, ella, usted   habéis
     nosotros, -as   han
     vosotros, -as   has
     ellos, -as, ustedes   ha

218. Dé los participios pasados correspondientes a los siguientes verbos en *-ar,* según el modelo.

MODELO: hablar → habl*ado*.

tomar   →
trabajar   →
comprar   →
esperar   →
llevar   →
estudiar   →

usar   →
recordar   →
gastar   →
pensar   →

219. **Dé los participios pasados correspondientes a los siguientes verbos en *-er* e *-ir,* según el modelo.**

MODELO: { comer → com*ido*
         { vivir → viv*ido.*

beber   →
pedir   →
coger   →
seguir   →
aprender   →
subir   →
entender   →
dormir   →
leer   →
repetir   →

220. **Conjugue el pretérito perfecto de los siguientes verbos regulares, según el modelo.**

MODELO: pensar: *he pensado - has pensado - ha pensado - hemos pensado - habéis pensado - han pensado.*

empezar: .... / .... / .... / .... / .... / ....
subir: .... / .... / .... / .... / .... / ....
perder: .... / .... / .... / .... / .... / ....
bajar: .... / .... / .... / .... / .... / ....
mirar: .... / .... / .... / .... / .... / ....
volar: .... / .... / .... / .... / .... / ....

221. Haga preguntas correspondientes a estas respuestas utilizando la fórmula *por dónde...*

EJEMPLO: A la estación se va por aquí. → *¿Por dónde* se va a la estación?

1. A Correos se va por esa calle. → ¿
2. A la Comisaría se va por la calle de la derecha → ¿
3. Al hospital se va de frente. → ¿
4. A la farmacia se va por la izquierda. → ¿
5. Al Ayuntamiento se va por allí. → ¿
6. Al banco se va por el parque. → ¿
7. A la parada se va de frente. → ¿
8. A la estación se va por aquí. → ¿

222. Conteste a estas preguntas de salutación con *bien, mal* o *regular.*

1. ¿Cómo le va a usted? → Me va ......
2. ¿Cómo le va a su familia? → Les va ......
3. ¿Cómo os va a vosotros? → Nos va ......
4. ¿Cómo les va a tus hermanas? → Les va ......
5. ¿Cómo te va la vida? → Me va ......
6. ¿Cómo me va a mí? → Te va ......

223. ¿Cuál es la moneda de curso legal en los siguientes países?

España	Argentina
Estados Unidos	Suiza
Alemania	Rusia
Portugal	Italia
Japón	Suecia
Inglaterra	Holanda
Francia	Canadá

segundo
ciclo

224. **Ponga la forma apropiada del presente de** *ser,* **según los casos.**

1. Carmen ...... telefonista.
2. (Nosotros) ...... estudiantes.
3. (Vosotras) ...... maestras.
4. (Tú) ...... taxista.
5. Luisa ...... pintora.
6. (Yo) ...... secretaria.
7. (Nosotros) ...... profesores.
8. (Ella) ...... peluquera.
9. (Yo) ...... poeta.
10. (Ellos) ...... marinos.

225. **Ponga la forma negativa apropiada del presente de** *ser* **en estas frases.**

1. Don Manuel .... cura.
2. (Ella) .... periodista.
3. (Ustedes) .... abogados.
4. (Él) .... médico.
5. (Tú) .... cartero.
6. (Ellas) .... intérpretes.
7. (Ellos) .... pescadores.
8. (Usted) .... militar.
9. (Yo) .... ingeniero.
10. (Ella) .... arquitecta.

226. **Conteste a estas preguntas con nombres de actividades diferentes.**

1. ¿Qué eres? ~
2. ¿Qué es (ella)? ~
3. ¿Qué somos? ~
4. ¿Qué soy yo? ~
5. ¿Qué son ustedes? ~
6. ¿Qué sois vosotras? ~
7. ¿Qué son (ellos)? ~
8. ¿Qué es usted? ~

227. **Haga preguntas correspondientes a estas respuestas. Use *qué* o *cuál* y presente de *ser*.**

1. ¿ . . . .? → Soy estudiante.
2. ¿ . . . .? → Son obreros.
3. ¿ . . . .? → Es pintora.
4. ¿ . . . .? → Son ladrones.
5. ¿ . . . .? → Es cura.
6. ¿ . . . .? → Son maestras.
7. ¿ . . . .? → Somos soldados.
8. ¿ . . . .? → Es dentista.
9. ¿ . . . .? → Soy intérprete.
10. ¿ . . . . de ustedes . . . . . . francés? → Pierre lo es.
11. ¿ . . . . de ellas . . . . . . alemana? → Helga lo es.
12. ¿ . . . . de nosotras es abogada? → Yo lo soy.

228. **Antónimos de adjetivos. Coloque el adjetivo contrario que corresponda.**

1. Barcelona es *grande;* Segovia es . . . . . .   antigua
2. Jorge es *fuerte;* Eleuterio es . . . . . .   oscura
3. Tu suegra es *joven;* la mía es . . . . . .   vieja
4. Nueva York es una ciudad *moderna;* Roma es . . . . . .   pequeña
5. Yo tengo los ojos *claros;* tú los tienes . . . . . .   débil
6. El cointreau es *dulce;* la cerveza es . . . . . .   amarga

147

229. Conteste a estas preguntas con la palabra adecuada.

1. ¿Cómo se llama la primera comida del día? ~
2. ¿Cómo se llama la segunda comida del día? ~
3. ¿Cómo se llama la tercera comida del día? ~
4. ¿Cómo se llama la cuarta comida del día? ~

Apuntes de clase

230. **Conteste a estas preguntas con el verbo *ser*, según el modelo.**

MODELO: ¿Es usted católico? → { *Sí,* soy católico.
{ *No,* no soy católico.

1. ¿Sois protestantes? → Sí, ~
2. ¿Son (ellos) católicos? → No, ~
3. ¿Es Carlos ateo? → Sí, ~
4. ¿Es Tiko budista? → No, ~
5. ¿Son (ellas) cristianas? → No, ~
6. ¿Es usted judío? → Sí, ~
7. ¿Es (él) mahometano? → No, ~

231. **Verbo *ser*. Conteste a estas preguntas según el modelo.**

MODELO: *¿Cuál* es la religión de usted? ~ *Yo soy* budista.

1. ¿Cuál es la religión de Fátima? ~
2. ¿Cuál es la religión de Yoko? ~
3. ¿Cuál es la religión de Robert? ~
4. ¿Cuál es la religión de Manuel? ~
5. ¿Cuál es la religión de Isaac? ~
6. ¿Cuál es la religión de Hans? ~
7. ¿Cuál es la religión de Mao? ~

232. **Ponga una forma apropiada del presente de *ser + de* en estas frases.**

EJEMPLO: El vestido *es de* Isabel.

1. Estos platos .... la vecina.
2. Los libros .... mi hermano.
3. El pañuelo .... esa señora.
4. El perro .... tu primo.
5. Esa casa .... don Luis.
6. La llave .... esta puerta.
7. Los muebles .... doña María.
8. Esta postal no .... Toledo.

233. **Verbo *ser*. Conteste a estas preguntas libremente.**

1. ¿De quién es este gato? ~
2. ¿De quiénes son los zapatos? ~
3. ¿De quién es el jabón? ~
4. ¿De quién es esto? ~
5. ¿De quiénes son las motos ~
6. ¿De quién es la muñeca? ~
7. ¿De quiénes son los pasaportes? ~
8. ¿De quién son los plátanos? ~

234. **Diga la forma contraria *(algo - nada)* según el modelo.**

MODELO: Veo *algo* ≠ *No* veo *nada.*

1. Entienden algo ≠
2. No hay nada ≠
3. ¿Tomas algo? ≠
4. ¿Oye usted algo? ≠
5. Yo no sé nada ≠
6. ¿Haces algo? ≠

235. Modismos. Haga frases que tengan sentido.

Estar de pie.
Valer la pena.
Meter la pata.
No andarse por las ramas.
Estar hecho(a) polvo.
Estar de buenas (malas).

Apuntes de clase

236. **Ponga una forma apropiada del presente de *ser* + *de* en estas frases.**

EJEMPLO: La mesa *es de* madera.

1. La casa .... piedra.
2. La silla .... hierro.
3. Los vestidos .... papel.
4. El bolígrafo .... plástico.
5. Los jerseys .... lana.
6. El vaso .... cristal.
7. Las paredes .... ladrillo.
8. Las medias .... nailon.
9. El anillo .... oro.
10. La ventana .... aluminio.

237. **Verbo *ser*. Conteste a estas preguntas libremente.**

1. ¿De qué es la pared? ~
2. ¿De qué es la mesa? ~
3. ¿De qué son los vestidos? ~
4. ¿De qué es la silla? ~
5. ¿De qué es el bolígrafo? ~
6. ¿De qué es el vaso? ~
7. ¿De qué es la casa? ~
8. ¿De qué son las medias? ~
9. ¿De qué es la taza? ~
10. ¿De qué es la bolsa? ~

238. Forme frases con *ser de* y una palabra de cada columna.

EJEMPLO: El armario *es de* madera.

armario	piedra
chaqueta	plástico
barco	papel
espejo	hierro
plato	cristal
escaleras	madera
servilleta	acero
reloj	lana

239. Conteste a estas preguntas con un nombre de ciudad, región o provincia *(ser de)*.

EJEMPLO: ¿De dónde es usted? ~ Soy de *Hamburgo*.

1. ¿De dónde es Helen? ~
2. ¿De dónde es Pepe? ~
3. ¿De dónde es Gretel? ~
4. ¿De dónde es Fátima? ~
5. ¿De dónde es Iván? ~

240. Conteste a estas preguntas con *ser* + adjetivo de nacionalidad.

EJEMPLO: ¿De dónde es Humberto? ~ Es *portugués*.

1. ¿De dónde es Jean Batista? ~
2. ¿De dónde es Ula? ~
3. ¿De dónde es Milagros? ~
4. ¿De dónde es Paloma? ~
5. ¿De dónde son Cathy y Jack? ~
6. ¿De dónde es Paolo? ~
7. ¿De dónde es Pancho? ~

241. Diga la forma contraria *(todo ≠ nada)*, según el modelo.

MODELO: *Todo* es posible. ≠ *Nada* es posible.

1. En este mercado todo es caro ≠
2. Nada es inútil ≠
3. Todo es verdad ≠
4. Aquí nada está en su sitio ≠
5. Ahora todo está bien ≠
6. Allí nada funcionaba ≠

242. Forme exclamaciones con estas palabras y la partícula *qué*.

EJEMPLO: hombre → ¡*qué* hombre!

hombre →	interesante →
bonito →	tarde →
mujer →	temprano →
lejos →	bueno →
coche →	estupendo →
aburrido →	cosas →

Apuntes de clase

243. Verbo *ser*. Complete las siguientes frases, usando un infinitivo, según el modelo.

MODELO: *Es interesante.* → Es interesante conocer países.

1. Es necesario →
2. Es importante →
3. Es bueno →
4. Es útil →
5. Es malo →
6. Es fácil →
7. Es difícil →
8. Es corriente →
9. Es estupendo →
10. Es lógico →

244. Use *es* + adjetivo delante de estas palabras. (Véase ejercicio anterior.)

1. .... visitar los museos.
2. .... acostarse temprano.
3. .... no comer mucho.
4. .... dormir la siesta.
5. .... pasear.
6. .... aprender lenguas.
7. .... aprender el chino.
8. .... fumar.
9. .... tener buena salud.
10. .... protegerse.

245. Ponga la forma apropiada del presente de *ser* en estas frases.

1. El Tajo ...... un río.
2. Alemania ...... un país.
3. El Mediterráneo ...... un mar.
4. El Mont Blanc ...... una montaña.
5. Valencia ...... una ciudad.
6. Los coches ...... máquinas.
7. Los sofás ...... muebles.
8. El chorizo y la morcilla ...... embutidos.

246. Conteste a estas preguntas con una forma apropiada del presente de *ser*. Use nombres de ciudades o regiones.

EJEMPLO: ¿De dónde eres? ~ *Soy* de Asturias.

1. ¿De dónde es usted? ~
2. ¿De dónde somos? ~
3. ¿De dónde es Helga? ~
4. ¿De dónde sois? ~
5. ¿De dónde son usted y su mujer? ~
6. ¿De dónde son tus primos? ~
7. ¿De dónde es Chomin? ~
8. ¿De dónde son ustedes? ~

247. Conteste en forma negativa (con *alguien ≠ nadie*) a estas preguntas.

MODELO: ¿Conoces a *alguien* aquí? ~ No, *no* conozco a *nadie* aquí.

1. ¿Quiere Helga a alguien? ~ No, ...
2. ¿Busca usted a alguien? ~ No, ...
3. ¿Veis a alguien? ~ No, ...
4. ¿Piensas en alguien? ~ No, ...
5. ¿Hablan (ellas) con alguien? ~ No, ...
6. ¿Llamó alguien? ~ No, ...

248. Conteste a estas preguntas utilizando una expresión de la columna de la derecha (modismos con medios de locomoción).

1.	¿Cómo se va al teatro? ~	en tren
2.	¿Cómo se va a América? ~	en avión
3.	¿Cómo se va a esa isla? ~	en barco
4.	¿Cómo se va a tu casa? ~	a pie
5.	¿Cómo se va al club? ~	en metro
6.	¿Cómo se va a Salamanca?	en autobús

Apuntes de clase

249. **Verbo** *ser*. **Conteste a estas preguntas con los colores de la lista de la derecha.**

EJEMPLO: *¿De qué color* es la pizarra? ~ Es negra.

1. ¿De qué color son sus ojos? ~   negro
2. ¿De qué color son esos guantes? ~   blanco
3. ¿De qué color es el suelo? ~   verde
4. ¿De qué color es la alfombra? ~   azul
5. ¿De qué color son las sábanas? ~   rojo
6. ¿De qué color es esa flor? ~   amarillo
7. ¿De qué color es la habitación? ~   gris

250. **Verbo** *ser*. **Ponga** *buen* **o** *mal* **en estas frases, según el modelo.**

MODELO: { Es un *buen* muchacho ≠ es un *mal* muchacho.
        { Es un *mal* año ≠ es un *buen* año.

1. Es un mal día ≠
2. Eres un buen hijo ≠
3. Usted es un mal amigo ≠
4. Es un mal verso ≠
5. Eres un buen médico ≠
6. Es un mal hospital ≠

251. Verbo *ser*. Ponga *bueno* o *malo* en estas frases, según el modelo.

MODELO: Es un médico *bueno* ≠ es un médico *malo*.

1. Es un rey bueno ≠
2. Es un hotel malo ≠
3. Eres un pintor bueno ≠
4. Usted es un conductor malo ≠
5. Es un programa bueno ≠
6. Es un peine malo ≠

252. Diga lo contrario, con *siempre* o *nunca,* según los casos.

1. Siempre viajo solo ≠ ......
2. José nunca dice la verdad ≠ .....
3. Siempre conducen deprisa ≠ ......
4. Nunca salimos los sábados ≠ ......
5. ¿Siempre comes en casa? ≠ ......
6. ¿Siempre duermes la siesta? ≠ ......

253. Fíjese en el uso y significado de las exclamaciones en cursiva.

1. *¿Cómo?* ¿Quiere repetir?
2. *¡Venga!* ¡Se va el autobús!
3. *¡Caramba!* ¡Ya estás aquí?
4. *¡Vamos!* ¡Hay que trabajar!
5. *¡Cuidado!* ¡El perro muerde!
6. *¡Jolín!* ¡Qué burro!

254. Use las exclamaciones del ejercicio anterior en contextos similares.

¿Cómo?	¡Cuidado!
¡Vamos!	¡Caramba!
¡Venga!	¡Jolín! (Jolines).

Apuntes de clase

255. **Conteste a las siguientes preguntas con el presente de *estar*.**

EJEMPLO: ¿En qué ciudad está el Museo del Louvre? ~ *Está* en París.

1. ¿En qué país está Bonn? ~
2. ¿En qué país está Tejas? ~
3. ¿En qué ciudad está el Museo del Prado? ~
4. ¿En qué ciudad está el Museo Británico? ~
5. ¿En qué continente está el río Nilo? ~
6. ¿En qué mar está Sicilia? ~
7. ¿En qué país está Tokio? ~
8. ¿En qué continente está Nigeria? ~

256. **Haga oraciones con el presente de *estar* y las siguientes expresiones de lugar.**

en casa	en la piscina
en el mercado	en el tren
en la calle	en la playa
en la iglesia	en el jardín
en el metro	en la plaza
en clase	en el partido

257. Use estas expresiones en frases completas con el presente de *estar*.

EJEMPLO: Correos *está a la derecha*.

1.	a la izquierda	6.	detrás
2.	en el centro	7.	arriba
3.	dentro	8.	abajo
4.	fuera	9.	encima
5.	delante	10.	debajo

258. *Estar* (posición). Haga preguntas adecuadas con *dónde* y conteste con las expresiones adverbiales del ejercicio anterior.

EJEMPLO: ¿Dónde está el gato? ~ Está *fuera*.

259. Uso obligatorio con *estar*. Haga frases en presente con estos adjetivos de estado.

dormido	acostado
vestido	satisfecho
desnudo	encantado
contento	asustado
enfermo	enamorado
sentado	rendido

260. Diga la forma negativa, según el modelo.

MODELO: Estudio *siempre* de noche. → *No* estudio *nunca* de noche.

1. Leemos siempre en la cama. →
2. Escuchan siempre la radio. →
3. Voy siempre a pie. →
4. Juan lleva siempre gafas de sol. →
5. Tenemos siempre tiempo. →
6. Los veo siempre en la discoteca. →
7. Fuma siempre puros. →
8. Pienso siempre en mi novio. →

261. ¿Cuál es el cambio oficial actual de las siguientes monedas?

marco	lira
libra	escudo
dólar	corona
franco francés	peso
yen	florín

Apuntes de clase

262. Ponga una forma apropiada del presente de *ser* o *estar,* según los casos.

1. El toro ...... un animal.
2. Pekín ...... en China.
3. Las camas ...... muebles.
4. La comida ...... en la nevera.
5. Mi pueblo ...... en Andalucía.
6. Las aspirinas ...... medicinas.
7. El pescado ...... en la cocina.
8. La carne ...... de ternera.
9. Luisa y Marta ...... tacañas.
10. Yo ...... maravillosa.

263. Ponga una forma apropiada de *ser* o *estar* en estas frases.

1. El bar ...... vacío.
2. Su marido ...... muy inteligente.
3. Ese pintor ...... famoso.
4. El cubo ...... lleno.
5. El director ...... simpático.
6. (Nosotros) ...... cansados.
7. Tu tía ...... enfadada con nosotros.
8. Su hermano no ...... sincero.
9. Nosotras ...... hechas polvo.
10. Esas chicas ...... serviciales.

264. Ponga una forma apropiada de *ser* o *estar* en estas frases.

1. Eso no ...... justo.
2. Las niñas ...... dormidas.
3. ¿No ...... (vosotros) contentos?
4. La música folk ...... muy popular.
5. La película ...... muy divertida.
6. ¿...... (vosotras) ya vestidas?
7. Estos casos ...... extraños.
8. El niño ...... desnudo.

265. Use *bastante(s)* en estas frases.

1. ¿Tienes ...... dinero para comprar este coche?
2. No tengo ...... tiempo para jugar al golf.
3. ¿Hay ...... platos?
4. No tienen ...... servilletas.
5. ¿Hay ...... luz en esta habitación?
6. Estamos ...... satisfechas.
7. Son ...... listas.
8. ¿No tenéis ...... comida y bebida?

266. Régimen preposicional. Rellene los puntos con las preposiciones *a(l)* o *de(l)*, según convenga.

1. ¿De dónde vienes? → Vengo ...... la oficina.
2. ¿Adónde va usted? → Voy ...... la biblioteca.
3. ¿Vas a volver a Inglaterra este año? → No, voy a volver ...... Suiza.
4. ¿Cuándo vuelve ...... vacaciones?
5. ¿A qué vienen los turistas? → Vienen ...... conocer España.
6. ¡Saca el coche ...... (el) garaje!
7. ¿Por qué no vas ...... (el) cine esta tarde?
8. ¡De Madrid ...... (el) cielo!
9. Llegaron ...... (el) pueblo.
10. Vienen ...... (el) teatro.

267. Fíjese en el uso y significado de las exclamaciones en cursiva.

1. *¡Oye!* ¿Tienes un cigarrillo?
2. *¡Oiga,* señorita! ¿Es suyo ese bolso?
3. *¡Dios mío!* ¡Qué horrible!
4. ¿Vas a la fiesta esta noche? ~ *¡Claro!*
5. ¿Tienes frío? ~ *¡Qué va!*
6. Casi me mato. *¡Qué horror!*

268. Use las exclamaciones siguientes en contextos apropiados.

¡Oye!	¡Jo!
¡Dios mío!	¡Andá!
¡Oiga!	¡Qué asco!
¡Claro!	¡Hala!

Apuntes de clase

269. Ponga una forma apropiada del presente de *ser* o *estar,* según los casos.

1. ...... las siete; ...... tarde.
2. La casa ...... delante y el jardín ...... detrás.
3. ...... temprano; podemos hablar un poco más.
4. El dormitorio ...... arriba; el salón ...... abajo.
5. ¡Anda más rápido; ...... tarde!
6. ¡Mamá, Pedro ...... abajo!
7. Los platos ...... encima, las copas ...... debajo.
8. ¿(Yo) ...... delante, donde ...... (ella)?

270. Ponga una forma apropiada del presente de *ser* o *estar* en estas frases.

1. Mi abuela ...... enferma.
2. Eso no ...... necesario.
3. No me gusta ...... sentado mucho tiempo.
4. «España ...... diferente.»
5. Esa mujer ...... muy interesante.
6. En estos momentos, (ella) ...... acostada.
7. Los temas de la reunión ...... importantes.
8. Sara ...... enamorada.

271. Ponga la forma de presente apropiada de *ser* o *llegar* en estas frases.

1. Mañana ...... tarde.
2. Antonio siempre ...... tarde.

3. Todavía ...... temprano para comer.
4. Nunca (nosotros) ...... tarde a clase.
5. Elisa ...... temprano a la universidad.
6. ¿Qué hora es? — ...... tarde.
7. El cartero ...... temprano.
8. El camión ...... muy tarde.

272. **Complete la forma apropiada de** *buen, -o, -a, -os, -as* **o** *mal, -o, -a, -os, -as,* **según los casos.**

1. Hoy hace b...... día.
2. En el mundo hay gente m......
3. La paella está b......
4. Trabajar es b......
5. Son b...... sábanas.
6. Ése es un m...... ejemplo.
7. Son b...... escultores.
8. Tenemos m...... noticias.
9. Ése es un libro m......
10. Es un b...... soldado.
11. Vives en un m...... sitio.
12. Van a restaurantes m......

273. **Recopilación de léxico. Haga frases con las siguientes palabras y exclamaciones.**

yen	encima
fuera	¡qué asco!
libra	tacaño
amargo	¡jo!
¡claro!	desayuno
¿cómo?	¡oiga!

274. Recopilación de léxico. Haga frases con las siguientes palabras y exclamaciones.

detrás	¡caramba!
merienda	bolso
¡Dios mío!	nevera
¡cuidado!	servilleta
marco	bebida
débil	servicial
a la izquierda	partido

Apuntes de clase

275. Presente *(e/ie)*. **Cambie según el modelo.**

MODELO: (Yo) qu*ie*ro un helado. → { (Nosotros) qu*e*remos ......
{ (Vosotros) qu*e*réis ......

1. Carmen entiende la lección → (Nosotros) ......
(Vosotros) ......

2. (Yo) prefiero el mar → (Nosotros) ......
(Vosotros) ......

3. Mi hijo quiere una moto nueva → (Nosotros) ......
(Vosotros) ......

4. Tú defiendes a los débiles → (Nosotros) ......
(Vosotros) ......

276. Presente *(o/ue)*. **Cambie según el modelo.**

MODELO: (Ellos) rec*ue*rdan la música. → { (Nosotros) rec*o*rdamos ......
{ (Vosotros) rec*o*rdáis ......

1. (Yo) vuelvo temprano → (Nosotros) ......
(Vosotros) ......

2. (Ella) duerme mucho → (Nosotros) ......
(Vosotros) ......

3. (Usted) huele bien → (Nosotros) ......
(Vosotros) ......

4. (Ella) suele comer poco → (Nosotros) ......
(Vosotros) ......

277. Presente *(e/i)*. Cambie según el modelo.

MODELO: (Nosotros) servimos la comida. → { (Tú) sirves ......
  (Ustedes) sirven ......

1. (Vosotras) repetís mis palabras → (Ella) ......
   (Usted) ......
2. (Nosotros) pedimos la cuenta → (Ellos) ......
   (Yo) ......
3. (Vosotros) seguís las instrucciones → (Ellas) ......
   (Tú) ......
4. (Nosotras) medimos la distancia → (Yo) ......
   (Tú) ......

278. Género. Dé el femenino de estas palabras.

EJEMPLO: el hombre → la mujer.

el padre → la ......
el papá → la ......
el macho → la ......
el toro → la ......
el gallo → la ......
el padrino → la ......

279. Género. Adjetivos invariables. Use estos adjetivos con nombres masculinos y femeninos apropiados.

mejor	mayor
menor	grande
libre	terrible
peor	fácil
natural	difícil
fuerte	simple

280. Demostrativos. Haga según el modelo.

MODELO: Este lápiz es duro; (ahí) *ese,* no.

Esta cuchara es de plata; (allí) ......, no.
Esa taberna es típica; (aquí) ......, no.
Aquel hospital es grande; (ahí) ......, no.
Esas camas son blandas; (aquí) ......, no.
Esta carne es de vaca; (ahí) ......, no.
Aquella lámpara es de plástico; (aquí) ......, no.

281. Posesivos. Ponga la forma apropiada.

1. Nuestros camiones son seguros; los (de vosotros) ......, también.
2. Esta manzana está verde; la (de ella) ......, también.
3. Vuestro hijo es muy alegre; el (de nosotros) ......, también.
4. Esa universidad es antigua; la (de ustedes) ......, también.
5. Tu paraguas es barato; el (de mí) ......, también.
6. Estos esquíes son muy caros; los (de él) ......, también.
7. Nuestro maestro es excelente; el (de ti) ......, también.
8. Este salón es oscuro; el (de usted) ......, también.

282. Numerales. Lea estas frases.

1. Hoy es 27 de marzo de 1990.
2. Mi teléfono es el 644 98 76.
3. Este tren puede ir a 300 kilómetros por hora.
4. Siempre bebo 1/2 botella de vino en las comidas.
5. Maruja vive en la plaza de la Constitución, número 27, piso 3.º
6. 1936-1939 son los años de la guerra civil española.

Apuntes de clase

283. Presente *(g/j; c/z)*. Cambie según el modelo.

MODELO: (Ellos) *cogen* el tren. → (Yo) *cojo* ......

1. (Nosotros) vencemos las dificultades → (Yo) ......
2. (Tú) exiges una explicación → (Yo) ......
3. La alumna coge la tiza → (Yo) ......
4. Ella recoge la correspondencia → (Yo) ......
5. Usted convence a la gente → (Yo) ......

284. Presente *(c/zc)*. Cambie según el modelo.

MODELO: (Ellos) *traducen* muy bien. → (Yo) *traduzco* ......

1. (Usted) no conoce esa expresión → (Yo) ......
2. (Él) conduce muy deprisa → (Yo) ......
3. (Nosotros) traducimos poco → (Yo) ......
4. (Tú) mereces lo mejor → (Yo) ......
5. (Vosotros) reconocéis la verdad → (Yo) ......

285. Presente *(jugar, construir)*. Ponga la forma adecuada del presente.

1. El Ayuntamiento (construir) ...... un hospital moderno.
2. (Vosotros-jugar) ...... muy bien.
3. (Nosotros-construir) ...... una casa de campo.
4. La niña (jugar) ...... en el jardín.
5. (Vosotros-construir) ...... el edificio muy despacio.
6. (Yo) no (jugar) ...... al fútbol.

286. Género nombres. Dé el masculino de estas palabras.

MODELO: la hembra → el macho/el varón.

la mujer   → el ......
la gallina → el ......
la vaca   → el ......
la mamá   → el ......
la madrina → el ......
la madre   → el ......

287. Demostrativos. Haga según el modelo.

MODELO: Me gusta ese cuadro; (el cuadro, ahí) *ése,* no.

Nos gustan esas cosas; (las cosas, aquí) ......, no.
A usted le gusta este teatro; (el teatro, allí) ......, no.
A ti te gusta aquel periódico; (el periódico, aquí) ......, no.
A ellos les gusta este olor; (el olor, ahí) ......, no.
A vosotros os gusta ese animal; (el animal, allí) ......, no.
A ustedes les gustan esas costumbres; (las costumbres, aquí) ......, no.
A él le gusta esa chica; (la chica, aquí) ......, no.
A ella le gustan esos helados; (los helados, aquí) ......, no.

288. Posesivos (posición). Haga según el modelo.

MODELO: nuestro pueblo → el pueblo nuestro .

nuestra raqueta   →
nuestra puerta   →
vuestras ideas   →
nuestro sombrero →
vuestros cacharros →
vuestro armario   →
nuestras mantas →
vuestra tortilla   →

182

289. Posesivos (posición). Haga según el modelo.

MODELO: $\boxed{mi}$ pelota → la pelota $\boxed{mía}$.

tu botella   →
mis vestidos   →
su cuchara (de usted) →
tus hermanos   →
mis guantes   →
su armario (de él) →
tus sábanas   →
su filete (de ella) →
su guitarra (de ellos) →
sus mantas (de ustedes) →

290. Género. Señale con una cruz los adjetivos invariables dentro de esta lista.

puro	mayor
amable	negro
peor	listo
ancho	barato
viejo	ideal
simple	corriente
legal	árabe
serio	posible
correcto	siguiente

Apuntes de clase

UNIDAD

43

291. Presente. Verbos de irregularidad común. Conteste a estas preguntas.

1. ¿Qué quiere usted? ∼ (Yo) . . . . . .
2. ¿Entienden ustedes bien? ∼ Sí, (nosotros) . . . . . .
3. ¿Cuándo vuelves? ∼ . . . . . .
4. ¿Quién sirve el desayuno? ∼ Pedro . . . . . .
5. ¿Qué pedís? ∼ (Nosotros) . . . . . .
6. ¿A quién recuerdas más? ∼ (Yo) . . . . . .
7. ¿A quiénes defendéis? ∼ (Nosotras) . . . . . .
8. ¿Qué medís? ∼ (Nosotros) . . . . . .

292. Género. Sustantivos en *-e*. ¿Masculino o femenino?

MODELO: *el* baile / *la* gripe.

. . . . . . peine.   . . . . . . paisaje.
. . . . . . costumbre.   . . . . . . postre.
. . . . . . fuente.   . . . . . . nube.
. . . . . . billete.   . . . . . . sobre.
. . . . . . paquete.   . . . . . . doblaje.

293. Dé el adjetivo contrario.

MODELO: *pequeño ≠ grande.*

caro   ≠ . . . . . .
nuevo   ≠ . . . . . .
dulce   ≠ . . . . . .
feo   ≠ . . . . . .

bueno   ≠ ......
difícil   ≠ ......
delgado ≠ ......
antiguo ≠ ......
alegre   ≠ ......
tonto   ≠ ......
blanco   ≠ ......
corto   ≠ ......

294. Dé las formas del pronombre personal objeto correspondiente, según el modelo.

MODELO: conozco { (a él) / (ese país) → *lo* conozco.

Pedro mira (a ella)   →
Veo (a ti)   →
Recuerdo (a él)   →
Oímos (el ruido)   →
Visitáis (la ciudad)   →
Escribo (la carta)   →
Lavamos (el coche)   →
Quiero (a ti)   →
Vemos (a usted)   →
Cantan (la canción)   →
Arreglamos (el jardín) →

295. Pronombres redundantes. Ponga los dos pronombres, según el modelo.

MODELO: (Yo) .... gusta pasear. → *A mí me* gusta pasear.

1. (Tú) .... gusta pasear.
2. (Él, ella, usted) .... gusta pasear.
3. (Nosotros, -as) .... gusta pasear.
4. (Vosotros, -as) .... gusta pasear.
5. (Ellos, -as, ustedes) .... gusta pasear.
6. (Juan y Luis) .... gusta pasear.

296. Posesivos (posición). Ponga la forma apropiada del posesivo en estas frases.

1. ¡Enséñame ese cuadro (de ti) ......!
2. Me gustan esas botas (de ellos) ......
3. ¡Arreglad el coche (de Pedro) ......!
4. ¿Quieres traerme las tijeras (de mamá) ......?
5. A mí me gusta conducir el coche (de mis padres) ......
6. No vamos a la fiesta (de Jaime) ......
7. ¡No le regales las fotos (de Laura) ......!

297. Antónimos adverbiales y preposicionales. Dé la expresión de significado contrario a la que aparece en cursiva.

1. El banco está *a la izquierda*.
   ....
2. La iglesia está *fuera de* la ciudad.
   ....
3. El sobre está *debajo del* libro.
   ....
4. El restaurante está *detrás de* la tienda.
   ....
5. El talonario *está* encima.
   .....
6. La foto *está* al revés.
   .....

Apuntes de clase

298.   Presente (irregularidad ortográfica). Ponga la forma correcta.

1. (Yo) no (coger) ...... el coche.
2. (Yo) no (conducir) ...... en la ciudad.
3. (Él-traducir) ...... bien el ruso.
4. (Ellos-construir) ...... un campo de fútbol.
5. ¿Dónde (jugar) ...... (vosotros)?
6. Yo no (cocer) ...... habas.

299.   Verbos irregulares. Ponga la forma correcta del presente.

1. (Yo) no (saber) ...... gramática.
2. ¿Qué (hacer) ...... (tú)? — (Yo-hacer) ...... la comida.
3. ¿Dónde (ir) ...... ustedes? — (Nosotros-ir) ...... a la estación.
4. ¿(Dar) ...... usted propina en el restaurante? — (Yo) no (dar) ...... propina.
5. (Yo-traer) ...... la compra del mercado.
6. (Yo-poner) ...... la calculadora encima del estante.

300.   Presente (verbos irregulares). Haga preguntas apropiadas para estas respuestas.

1. Salgo tarde de la oficina. → ¿Cuándo ......?
2. Digo la verdad. → ¿Qué ......?
3. Nosotros podemos hacer las camas. → ¿Qué ...... (vosotros)?
4. Pongo el cuchillo en la mesa. → ¿Dónde ...... (tú)?
5. Oigo un ruido desagradable. → ¿Qué ...... (tú)?
6. (Yo) hago muchos regalos. → ¿Qué ...... ella?

189

301. Comparación del adjetivo *(más... que)*.

MODELO: El padre es alto; el hijo es bajo. → El padre es *más alto que* el hijo.

1. El periódico es barato; la revista es cara.→
2. La chica es lista; el chico es tonto. →
3. La sopa está caliente; la carne está fría. →
4. El té está dulce; el café está amargo. →
5. La primavera es alegre; el invierno es triste. →
6. Las tijeras son cortas; el cuchillo es largo. →
7. Isabel es guapa; mi prima es fea. →
8. El vídeo es grande; la calculadora es pequeña. →

302. Posesivos (posición). Ponga la forma apropiada del posesivo en estas frases.

1. No comprendo las explicaciones (del profesor) ......
2. ¡No compréis las flores (de ella) ......!
3. Yo siempre compro en la tienda (de ustedes) ......
4. ¡Comed en el restaurante (de Mario) ......!
5. ¡Cuida esos ojos (de ti) ......!
6. ¿Por qué no limpias esos pantalones (de él) ......?
7. ¡No te pongas el pijama (de tu hermano) ......!
8. ¡Lee estos poemas (de mí) ......!

303. Personales objeto. Posición. Dé las formas del pronombre correspondiente, según el modelo.

MODELO: veo { *(a ellos)* / *(los cuadros)* / *(a ustedes)* } → *los* veo.

enviamos (los paquetes) →
saludan (a nosotros) →
cantan (las canciones) →
invitan (a Lucía y a Luisa) →
recuerdo (a ustedes) →
repiten (las frases) →

comprenden (a vosotras)   →
acompaño (a ellas)   →
oigo (a vosotros)   →
reciben (a nosotros)   →

304. Género sustantivos. Masculino o femenino sin cambio.

MODELO: *el* artista / *la* artista.

...... periodista / ...... periodista.
...... dentista / ...... dentista.
...... estudiante / ...... estudiante.
...... intérprete / ...... intérprete.
...... taxista / ...... taxista.
...... telefonista / ...... telefonista.

305. Modismos. Haga frases que tengan sentido.

ir de paseo.
ir de compras.
estar de acuerdo.
no tener otro remedio que.
dar corte.
quedar con alguien.
llevarse bien (mal) con alguien.

Apuntes de clase

306. Verbos regulares. Ponga el verbo en la forma apropiada del imperativo.

1. ¡No (usar) ..... (tú) ese cepillo!
2. ¡(Comprar) ..... (usted) plátanos!
3. ¡(Mirar) ..... (tú) esta foto!
4. ¡No (tomar) ..... (usted) el sol!
5. ¡No (meter) ..... (tú) el perro aquí!
6. ¡(Aprender) ..... (vosotros) estos versos!
7. ¡(Comer) ..... (usted) más carne!
8. ¡(Escribir) ..... (tú) más claro!
9. ¡No (estropear) ..... (usted) la pluma!
10. ¡No (empeñarse) ..... (tú) en hacerlo!

307. Irregularidad común. Ponga el verbo en la forma apropiada del imperativo.

1. ¡(Pensarlo) ..... (tú) bien!
2. ¡(Soltarme) ..... (vosotros)!
3. ¡(Volver) ..... (usted) pronto!
4. ¡(Repetir) ..... (tú) la pregunta!
5. ¡(Pedir) ..... (tú) la cuenta!
6. ¡(Servir) ..... (usted) el segundo plato!
7. ¡(Despertarla) ..... ustedes!
8. ¡(Recordar) ..... (tú) este número de teléfono!
9. ¡(Envolver) ..... (vosotras) los paquetes!
10. ¡(Dormir) ..... (ustedes) tranquilas!

308. Cambio ortográfico. Ponga el verbo en la forma apropiada del imperativo.

1. ¡(Conducir) ...... (usted) por la derecha!
2. ¡No lo (traducir) ...... (tú) ahora!
3. ¡No (pagar) ...... (ustedes) los impuestos!
4. ¡Niño, no (coger) ...... eso!
5. ¡(Corregir) ...... (ustedes) las faltas!
6. ¡(Sustituir) ...... (usted) esta palabra!
7. ¡(Reconocer) ...... (ustedes) ...... la verdad!
8. ¡(Convencer) ...... (vosotros) amigos míos!

309. Comparación del adjetivo *(tan... como)*.

> MODELO: Margarita y Alicia son inteligentes. → Margarita es *tan inteligente como* Alicia.

1. La escuela y la Universidad son importantes. →
2. El mar y el cielo son azules. →
3. El paraguas y el sombrero son prácticos. →
4. La inteligencia y la memoria son necesarias. →
5. La naranja y la manzana son sanas. →
6. Los toros y el fútbol son populares. →
7. El ordenador y el teléfono son útiles. →
8. Pablo y Arturo son ligones. →

310. Pronombres personales objeto. Posición.

> MODELO: Veo *a Juan* en el patio. → *Lo* veo en el patio.

1. Todos recordamos *a vosotros* mucho. →
2. Lava *la ropa* los sábados. →
3. Saludan *a nosotros* todos los días. →
4. No comprendo *a ti* muy bien. →
5. No oímos *la campana de la iglesia*. →
6. Visitan *el parque zoológico*. →
7. Vemos *las nubes*. →
8. Acompaña *a mí* a la Universidad. →
9. Esperamos *a vuestros amigos* en la esquina de la calle. →
10. Pongo *el vaso* en la mesa. →

311. Género. Ponga *un* o *una,* según corresponda.

MODELO: *un* problema / *una* moto.

...... mapa.   ...... costumbre.
...... billete.   ...... foto.
...... nube.   ...... cárcel.
...... día.   ...... idioma.
...... postal.   ...... noche.
...... animal.   ...... problema.
...... pie.   ...... panorama.

Apuntes de clase

312. **Irregularidad propia. Ponga el verbo en la forma apropiada del imperativo.**

1. ¡(Venir) . . . . . . (tú) en seguida!
2. ¡No (jugar) . . . . . . (tú) al balón en el jardín!
3. ¡No lo (poner) . . . . . . (vosotros) en el suelo!
4. ¡(Hacerlo) . . . . . . (tú) con cuidado!
5. ¡(Ser) . . . . . . (tú) buena!
6. ¡(Ir) . . . . . . (tú) allí!
7. ¡No (decir) . . . . . . (usted) mentiras!
8. ¡(Ponerlo) . . . . . . (ustedes) en la mesa!
9. ¡(Salir) . . . . . . (tú) de aquí!
10. ¡(Oír) . . . . . . señor!

313. **Verbos irregulares. Ponga el verbo en la forma apropiada del imperativo.**

1. ¡(Darme) . . . . . . (tú) un poco más!
2. ¡(Traerlo) . . . . . . (usted) en la cartera!
3. ¡(Ponerlo) . . . . . . (ustedes) en el dormitorio!
4. ¡(Decírselo) . . . . . . (usted) con flores!
5. ¡(Hacerme) . . . . . . (usted) un favor!
6. ¡(Irse) . . . . . . (tú) en seguida!
7. ¡(Valer) . . . . . . Dios!

314. Número. ¿Cuáles de estas palabras admiten el singular? Márquelas con una X.

papás	reyes
leyes	gafas
vacaciones	meses
tijeras	pantalones
sofás	alrededores

315. Haga frases con *jugar a(l)* y estas palabras.

fútbol	los bolos
tenis	bingo
las cartas	la lotería
golf	las quinielas
baloncesto	el ajedrez

316. Comparación del adjetivo *(tan ... tanto ... como).*

MODELO: Estos pantalones son nuevos; estos zapatos, no. → Estos zapatos *no* son *tan nuevos como* estos pantalones.

1. La secretaria es amable; el director, no. →
2. El sillón es cómodo; el sofá, no. →
3. El camino es estrecho; la carretera, no. →
4. Teresa es feliz; Juan, no. →
5. Mi padre es joven; mi tío, no. →
6. Jaime es trabajador; Diego, no. →
7. En el otoño llueve; en el verano, no. →
8. Sofía estudia; Ramón, no. →

317. Pronombres personales objeto. Posición. Haga según el modelo.

MODELO: Escribo una carta │a mi novia.│ → *Le* escribo una carta.

1. Dan un regalo *a mí.* →
2. Ofrecemos un trabajo *a ti.* →

3. Explico el problema *a él*. →
4. (Él) hace una pregunta *a usted*. →
5. Traen los huevos *a nosotros*. →
6. Doy mi dirección *a vosotros*. →
7. Pido un favor *a ellas*. →
8. Enviamos una postal *a ustedes*. →

318. Demostrativos. Conteste a estas preguntas según el modelo.

MODELO: ¿Es este libro inglés? ~ { Sí, *éste* es inglés.
{ No, *éste* no es inglés.

1. ¿Son estos ejercicios fáciles? ~ No, ...
2. ¿Está esa sopa caliente? ~ Sí, ...
3. ¿Están aquellas montañas muy lejos? ~ No, ...
4. ¿Es aquella chica popular? ~ Sí, ...
5. ¿Es este obrero vago? ~ No, ...
6. ¿Es ese niño muy hablador? ~ Sí, ...
7. ¿Son esos barcos de madera? ~ No, ...
8. ¿Son aquellas leyes justas? ~ Sí, ...

319. Antónimos de adjetivos. Dé el adjetivo que expresa la idea contraria a los siguientes.

simpático	trabajador
rico	aburrido
moreno	lento

Apuntes de clase

320. **Expresión de tiempo futuro inmediato. Conteste a estas preguntas con *ir a* + infinitivo.**

1. ¿Cuándo vas a escribir la carta? ~
2. ¿Dónde va usted a lavar la ropa? ~
3. ¿Cuánto dinero me vas a dar? ~
4. ¿En qué van ustedes a ir allí? ~
5. ¿De qué color vais a pintar las paredes? ~
6. ¿Con quién van (ellos) a salir esta noche? ~

321. **Expresión de tiempo futuro. Haga preguntas con *ir a* + infinitivo apropiadas a estas respuestas.**

1. Van a cerrar el portal a las once. → ¿A qué hora ......?
2. Voy a cortarme el pelo mañana. → ¿Cuándo ......?
3. Va a salir de la cárcel el martes que viene. → ¿Qué día ......?
4. Le van a dar un empleo. → ¿Qué ......?
5. Nos va a costar 1.000 pesetas. → ¿Cuánto ......?
6. Van a poner el mapa en el salón. → ¿Dónde ......?

322. **Pronombres personales objeto. Posición. Sustituya las palabras en cursiva por el pronombre correspondiente.**

1. ¿Damos *a ti* la cartera?
2. No devolvemos *a él* el dinero.
3. Ofrecen *a nosotros* su casa.
4. Llevo *a ustedes* al museo.

5. Paso *a ella* la sal.
6. ¿Explico *a vosotros* el uso de esta máquina?
7. El cartero entrega *a mí* el telegrama.
8. Arreglo *a usted* el televisor.

323. Pronombres personales objeto. Posición. Ponga la forma correcta del pronombre en cursiva cuando sea necesario.

MODELO: Esta camisa es para *yo* → **mí**.

1. Hablamos mucho de *tú* →
2. Lo hago para *él* →
3. Pienso mucho en *tú* →
4. Ella puede vivir sin *yo* →
5. Van a la fiesta sin *vosotros* →

324. Pronombres personales objeto. Posición. Sustituya las palabras en cursiva por el pronombre correspondiente, según el modelo.

MODELO: ¡Lleva *las maletas*! = Lléva*las*!

1. ¡Llamen *al director*! =
2. ¡Comprad *las uvas*! =
3. ¡Aprende *la letra de la canción*! =
4. ¡Bebed *agua*! =
5. ¡Escribe *a tus padres*! =
6. ¡Recordad *esta fecha*! =

325. Verbos reflexivos. Conteste a estas preguntas con frases completas.

1. ¿A qué hora se acuesta usted? ~
2. ¿Dónde te sientas? ~
3. ¿Cuántas veces te bañas a la semana? ~
4. ¿Te pones el abrigo en primavera? ~
5. ¿Se quita usted el traje en casa? ~
6. ¿Te peinas sin espejo? ~

326. **Demostrativos neutros. Correspondencia con adverbios de lugar. Haga según el modelo.**

MODELO:
$\begin{cases} \textit{(aquí)} & \textit{Esto} \text{ es una joya.} \\ \textit{(ahí)} & \textit{Eso} \text{ es un pastel.} \\ \textit{(allí)} & \textit{Aquello} \text{ es una piscina.} \end{cases}$

(aquí) ...... es una toalla.
(allí) ...... es una lata de conservas.
(aquí) ...... es un sofá.
(allí) ...... es un pijama.
(ahí) ...... es una pipa.
(ahí) ...... es un helado.
(ahí) ...... es un vestido.
(aquí) ...... es una navaja.
(allí) ...... es una caja de cerillas.

327. **Dé los sustantivos correspondientes a los siguientes verbos.**

EJEMPLO: *comer* → *comida.*

doler → ......
salir → ......
trabajar → ......
pasear → ......
beber → ......
cenar → ......
vivir → ......
traducir → ......

Apuntes de clase

UNIDAD

48

328. **Indefinido. Conteste a estas preguntas libremente con la forma apropiada del indefinido de *estar*.**

EJEMPLO: ¿Dónde estuviste ayer? ~ *Estuve* en los toros.

1. ¿Dónde estuvo usted ayer? ~
2. ¿Dónde estuvimos ayer? ~
3. ¿Dónde estuvisteis ayer? ~
4. ¿Dónde estuvieron (ellas) ayer? ~
5. ¿Dónde estuvo (él) ayer? ~

329. **Indefinido. Conteste a estas preguntas libremente con la forma apropiada del indefinido de *estar*.**

EJEMPLO: ¿Con quién estuvo usted el domingo pasado? ~ *Estuve* con mi novia.

1. ¿Con quién estuviste la semana pasada? ~
2. ¿Con quién estuvisteis el verano pasado? ~
3. ¿Con quiénes estuvieron ustedes las Navidades pasadas? ~
4. ¿Con quién estuvo (él) el jueves pasado? ~
5. ¿Con quién estuvo (ella) las vacaciones pasadas? ~
6. ¿Con quién estuvo usted el año pasado? ~   .
7. ¿Con quién estuviste el mes pasado? ~

330. Ponga la forma correcta del pronombre en cursiva cuando sea necesario.

MODELO: Él trabaja con *mí*. → Él trabaja *conmigo*.

1. ¿Vienes con *yo* al partido? →
2. No vamos con *tú* de excursión. →
3. ¿Quiere usted cenar con *yo*? →
4. Yo no hablo con *ellos*. →
5. ¿Viene tu amigo con *tú*? →

331. Pronombres personales redundantes. Haga según el modelo.

MODELO:
{
(Yo) sobrar mucho dinero. → *A mí me sobra* mucho dinero.
(Yo) sobrar 100 dólares. → *A mí me sobran* 100 dólares.
}

1. (Tú) *faltar* seis pesetas → .... seis pesetas.
2. (Él) *faltar* tiempo → .... tiempo.
3. (Ella) *sobrar* tres puntos → .... tres puntos.
4. (Nosotros) *quedar* cinco minutos → .... cinco minutos.
5. (Usted) *faltar* la mitad → .... la mitad.
6. (Yo) *quedar* tres libros → .... tres libros.
7. (Vosotras) *sobrar* una entrada → .... una entrada.

332. Pronombres personales objeto. Posición. Sustituya las palabras en cursiva por el pronombre correspondiente, según el modelo.

MODELO: Quiero ver │*a Matilde.*│ = quiero ver*la*.

1. Sabemos hablar *dos lenguas* =
2. Quieren terminar *el trabajo* =
3. ¡Puede usted hacer *la cama*! =
4. ¿Quiere usted repetir *la frase*? =
5. ¿Pueden ustedes subir *los muebles*? =
6. Mi hermana sabe arreglar *el motor del coche* =
7. Intentamos hacer *las cosas* bien =

333. Repita las frases del ejercicio anterior, según el modelo.

MODELO: Quiero ver | *a Matilde.* | = *La* quiero ver.

334. Demostrativos neutros. Use para la respuesta el mismo pronombre de la pregunta.

1. ¿Qué es *esto*? ...... ~
2. ¿Dónde está *eso*? ...... ~
3. ¿Qué es *aquello*? ...... ~
4. ¿Qué es *eso*? ...... ~
5. ¿Cómo se llama *esto*? ...... ~
6. ¿Cuánto cuesta *esto*? ...... ~
7. ¿Cómo está *eso*? ...... ~
8. ¿De qué es *aquello*? ...... ~

Apuntes de clase

335. **Verbos de debilitación vocálica** *(e/i)*. **Repita el indefinido de estos verbos, según el modelo.**

MODELO: mentí - mentiste - m$\boxed{i}$ntió - mentimos - mentisteis - m$\boxed{i}$ntieron.

pedir: .... / .... / .... / .... / .... / ....
preferir: .... / .... / .... / .... / .... / ....
medir: .... / .... / .... / .... / .... / ....
repetir: .... / .... / .... / .... / .... / ....
seguir: .... / .... / .... / .... / .... / ....
servir: .... / .... / .... / .... / .... / ....

336. **Debilitación vocálica** *(o/u)*. **Repita el indefinido, según el modelo.**

MODELO: morí - moriste - m$\boxed{u}$rió - morimos - moristeis - m$\boxed{u}$rieron.

dormir: .... / .... / .... / .... / .... / ....

337. **Cambio ortográfico** *(c/j)*. **Repita el indefinido, según el modelo.**

MODELO: conduje - condujiste - condujo - condujimos - condujisteis - condujeron.

traducir: .... / .... / .... / .... / .... / ....

209

338. Indefinido: irregularidades varias. Ponga la forma apropiada del indefinido de estos verbos.

1. (Él-conducir) ...... muy deprisa.
2. (Ellos-pedir) ...... más.
3. (Ella-medir) ...... la habitación.
4. (Ustedes-dormir) ...... seis horas.
5. El camarero (servir) ...... el coñac.
6. El maestro (traducir) ...·.... el texto.
7. (Ellas-preferir) ...... quedarse en casa.
8. (Usted-repetir) ...... nuestras palabras.

339. Pronombres personales objeto. Posición. *Se*. Haga según el modelo.

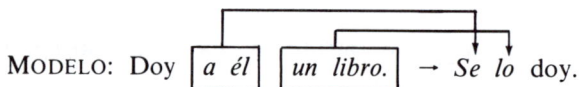

MODELO: Doy │ *a él* │ *un libro.* │ → *Se lo* doy.

1. Presto *a Luisa 100 pesetas.* →
2. Arreglan *a ustedes el tocadiscos.* →
3. Dices *a él muchas cosas.* →
4. El portero sube *a ellos la botella de leche.* →
5. ¿Baja el vecino *a usted la basura?* →
6. ¿Traen *a ellos el café* de Colombia? →

340. Posesivos. Sustitución. Ponga la forma apropiada, según el modelo.

MODELO: Esta toalla está limpia; la *(de ti)* → *tuya,* no.

1. Esta caja es muy pesada; la (de nosotros) ......, no.
2. Mi casa está sucia; la (de usted) ......, no.
3. Estos juguetes son baratos; los (de mí) ......, no.
4. Ese caramelo es muy dulce; el (de vosotros) ......, no.
5. Tu moto es muy rápida; la (de mí) ......, no.

341. Demostrativo neutro. Use para la respuesta el mismo pronombre de la pregunta.

1. ¿Dónde está *aquello?* ~
2. ¿Cómo está *esto*? ~

3. ¿Cuánto cuesta *aquello*? ~
4. ¿Cómo se llama *eso*? ~
5. ¿De dónde es *eso*? ~
6. ¿Dónde está *eso*? ~
7. ¿De qué es *eso*? ~
8. ¿De dónde es *aquello*? ~

342. Exclamaciones con *qué* ... *más*. Forme exclamaciones con los siguientes nombres y adjetivos, según el modelo.

MODELO: libro - interesante = *¡Qué* libro *más* interesante!

1. postre - bueno
2. cuerda - fuerte
3. agua - fría
4. carne - tierna
5. paisaje - verde
6. pescado - caro.

Apuntes de clase

UNIDAD

50

343. **Indefinido** *(i/y)*. **Conjugue el indefinido de estos verbos.**

EJEMPLO: oír: *oí - oíste - o* $\boxed{y}$ *ó - oímos - oísteis - o* $\boxed{y}$ *eron.*

construir: .... / .... / .... / .... / .... / ....
sustituir: .... / .... / .... / .... / .... / ....
leer: .... / .... / .... / .... / .... / ....
caer: .... / .... / .... / .... / .... / ....

344. **Indefinido** *(i/y)*. **Ponga la forma apropiada del indefinido de estos verbos.**

1. (Él-sustituir) ...... a su mujer en el trabajo.
2. Los niños (leer) ...... el cuento en cinco minutos.
3. Las hojas de los árboles (caer) ...... pronto.
4. (Ella) no (oír) ...... la respuesta.
5. ¿(Leer) ...... usted el último Premio Nobel?
6. ¿(Construir) ...... (ellos) la nueva iglesia del pueblo?

345. **Pronombres personales objeto. Posición.**

MODELO: Explico *la lección a ella* → *se la* explico.

1. ¿Regalas *unas entradas a mí?* →
2. Llevo *la raqueta a él.* →
3. Aclaro *las dificultades a ti.* →
4. Él estropea *la máquina de escribir a mí.* →
5. Dan *la noticia a vosotros.* →

6. Repiten *a nosotros los números.* →
7. Cuento *un cuento a mi hija.* →
8. Alquilo *los esquíes a ellos.* →

346. ***También ≠ tampoco.* Ponga estas frases en negativa, según el modelo.**

MODELO: Yo *también* vivo aquí. → Yo *tampoco* vivo aquí.

1. Nosotros también jugamos al tenis. →
2. Ellos también cantan mucho. →
3. Mi padre también duerme bien. →
4. Vosotras también vais al cine. →
5. Ellas también compran en este supermercado. →
6. Carmen también es abogada. →

347. Use *también ≠ tampoco* según los casos.

MODELO: ⎰ Yo estudio mucho → *y yo también.*
⎱ Yo no estudio mucho → *y yo tampoco.*

1. Nosotros volvemos el lunes → y ellos ......
2. Ellos se bañan en el río → y nosotros ......
3. Yo no me aburro → y yo ......
4. No comprenden nada → y nosotros ......
5. Luisa duerme poco → y vosotras ......
6. Mi hijo coge el autobús → y tú ......
7. Tú no conoces este chiste → y ella ......
8. Vosotros no os divertís → y ustedes ......

348. Ejercicio con el verbo *doler* y partes del cuerpo. Conteste a estas preguntas utilizando una de las palabras de la derecha.

EJEMPLO: ¿Qué te duele? ~ Me *duelen las muelas.*

1. ¿Qué le duele a usted? ~   la cabeza
2. ¿Qué le duele al niño? ~   el estómago
3. ¿Qué le duele a tu mujer? ~   la espalda
4. ¿Qué le duele a Luis? ~   el oído
5. ¿Qué le duele a la abuela? ~   la garganta
6. ¿Qué te duele a ti? ~   las muelas

Apuntes de clase

349. **Indefinido** *(c/qu)*. **Conjugue el indefinido de estos verbos, según el modelo.**

MODELO: indi $\boxed{qu}$ é - indicaste - indicó - indicamos - indicasteis - indicaron.

buscar: .... / .... / .... / .... / .... / ....
explicar: .... / .... / .... / .... / .... / ....
sacar: .... / .... / .... / .... / .... / ....
practicar: .... / .... / .... / .... / .... / ....
tocar: .... / .... / .... / .... / .... / ....
roncar: .... / .... / .... / .... / .... / ....
criticar: .... / .... / .... / .... / .... / ....

350. **Indefinido** *(g/gu)*. **Conjugue el indefinido de estos verbos, según el modelo.**

MODELO: apa $\boxed{gu}$ é - apagaste - apagó - apagamos - apagasteis - apagaron.

llegar: .... / .... / .... / .... / .... / ....
pagar: .... / .... / .... / .... / .... / ....
entregar: .... / .... / .... / .... / .... / ....
jugar: .... / .... / .... / .... / .... / ....
encargar: .... / .... / .... / .... / .... / ....
tragar: .... / .... / .... / .... / .... / ....
negar: .... / .... / .... / .... / .... / ....

351. Indefinido *(c/qu* y *g/gu).* **Ponga la forma apropiada del indefinido de estos verbos.**

1. (Yo) no (pagar) ...... los impuestos.
2. (Yo-practicar) ...... la primera parte de la lección.
3. (Yo-entregar) ...... las notas a los estudiantes.
4. (Yo-sacar) ...... todo el dinero del banco.
5. (Yo-jugar) ...... a las cartas con Jane.
6. (Yo-empezar) ...... tarde el curso.
7. (Yo) no (explicar) ...... el problema bien.
8. (Yo-tocar) ...... el piano.

352. Demostrativos (correspondencia adjetivo, adverbio de lugar). Haga según el modelo.

MODELO: No me gusta este queso; (quesos, *allí) aquéllos,* sí.

No nos gusta esa mermelada; (mermelada, aquí) ......, sí.
No les gustan aquellos compañeros; (compañeros, ahí) ......, sí.
No te gusta esta cafetería; (cafetería, allí) ......, sí.
No les gustan aquellos artistas; (artistas, aquí) ......, sí.
No me gusta ese paisaje; (paisaje, aquí) ......, sí.
No os gusta ese peluquero; (peluquero, ahí) ......, sí.

353. Pronombres personales objeto. Posición. Sustituya las palabras en cursiva por los pronombres correspondientes, según el modelo.

MODELO: ¡Da *a nosotros los libros!* = ¡Dánoslos!

1. ¡Ofreced *a ellos un pastel!* =
2. ¡Lleva *a ella una rosa!* =
3. ¡Preguntad *a Luis la hora!* =
4. ¡Envíen *a ellas un regalo!* =
5. ¡Hagan *al enfermo un análisis de sangre!* =
6. ¡Da *al médico las gracias!* =

354. Pronombres objeto. Posición. Haga según el modelo.

MODELO: (Él) no sabe comer *espaguetis* → { (él) no sabe comer*los*.
{ (él) no *los* sabe comer.

1. Tú no quieres poner *la mesa* =
2. No saben limpiar *la alfombra* =
3. ¿Pueden contestar *estas preguntas?* =
4. ¿Queréis explicar *este punto?* =
5. Ellos no saben hablar *español* =
6. Podemos tener *la fiesta* mañana =
7. Intentan comprender *nuestras razones* =

355. Forme exclamaciones con estas palabras y la partícula *qué*.

casa	pena (lástima)
bien	cerca
dulce	cara
fácil	dolor
mal	alegría

Apuntes de clase

356. Formas obligativas (sustitución). Repita estas frases, según el modelo.

MODELO: | *Es necesario* | descansar. = | *Hay que* | descansar.

1. Es necesario trabajar más =
2. No es necesario dormir diez horas =
3. Es necesario respirar aire puro =
4. Es necesario divertirse =
5. No es necesario explicar esto =
6. Es necesario saber leer y escribir =

357. Expresión de la obligación. Haga frases con *hay que,* según el modelo.

MODELO: Estudiar: *hay que* estudiar.

1. Hacer algo:
2. Esperar:
3. Gastar menos:
4. Vivir:
5. Pensar en esto:
6. Conducir mejor:
7. Hablar menos:
8. Llegar antes:

358. **Expresión de la obligación. Use la forma apropiada del presente de** *tener que,* **según el modelo.**

MODELO: (Yo) *tengo que* dormir.

1. (Tú) .... bañarte.
2. (Él) .... aprender latín.
3. (Ella) .... cuidar las plantas.
4. (Usted) .... servir la mesa.
5. (Nosotros, -as) .... tomar el sol.
6. (Vosotros, -as) .... corregir el examen.
7. (Ustedes) .... recordar el número de teléfono.
8. (Ellos, -as) .... abrir la ventana.

359. **Contraste** *hay que* ≠ *tener que.* **Cambie estas frases, según el modelo.**

MODELO: *Hay que* preguntar → (yo) *tengo que* preguntar.

1. Hay que decírselo → (tú) ......
2. Hay que ponerlo allí → (él) ......
3. Hay que traerlo pronto → (ella) ......
4. Hay que volver en seguida → (usted) ......
5. Hay que invitarlos → (nosotros, -as) ......
6. No hay que preocuparse → (vosotros, -as) no ......
7. Hay que arreglar esa silla → (ellos, -as) ......
8. Hay que sacar el perro a pasear → (ustedes) ......

360. **Usos de** *demasiado, -a, -os, -as.* **Conteste a estas preguntas, según los casos.**

MODELO: ¿Estudia mucho Carol? ~ Estudia *demasiado.*

1. ¿Fuma usted muchos cigarrillos? ~ Fumo ......
2. ¿Hay mucha gente allí? ~ Hay ......
3. ¿Hay mucho humo? ~ Hay ......
4. ¿Duermen poco? ~ Duermen ......
5. ¿Tiene muchas visitas? ~ Tiene ......

361. Contraste *hacer* ≠ *tener*. Haga según el modelo.

MODELO: *Hace* frío/calor. ≠ (Yo) *tengo* frío/calor.

1. Hacía calor. ≠ (Nosotros) ......
2. Hizo frío. ≠ (Usted) ......
3. No hacía calor. ≠ (Vosotras) ......
4. ¿Hace frío? ≠ ¿(Tú) ......?
5. Va a hacer frío esta tarde. ≠ (Yo) ......
6. Va a hacer calor este verano. ≠ (Nosotros) ......

362. Dé los verbos correspondientes a los siguientes sustantivos.

EJEMPLO: *muerte* → *morir*.

entrada →
sueño →
beso →
peine →
compra →
llegada →
ducha →
vestido →

Apuntes de clase

363. Futuro simple. Formas regulares. Dé la forma apropiada de los siguientes verbos.

1. ¿Qué (pensar) ...... (tú) de mí?
2. ¿(Entender) ...... (usted) mi carta?
3. Ese bolígrafo rojo me (servir) ......
4. (Yo-conducir) ...... por la noche.
5. (Nosotros-jugar) ...... a las cartas el sábado.
6. (Ellos-traer) ...... a los niños.
7. (Nosotros-ir) ...... luego.
8. (Vosotras-ligar) ...... en la fiesta.

364. Futuro simple. Formas irregulares. Dé la forma apropiada de los siguientes verbos.

1. ¿(Tener) ...... (vosotras) tiempo?
2. (Ellos-venir) ...... a las seis de la tarde.
3. (Yo-poner) ...... la mesa.
4. Mi padre (salir) ...... del hospital el viernes.
5. (Yo-tener) ...... el billete de avión mañana.
6. La chica (poner) ...... las flores en la mesa.
7. Mañana (nosotros) no (venir) ...... a comer.
8. Esta noche (nosotros) no (salir) ......
9. Sofía nunca (querer) ...... a Javi.
10. Vosotras lo (hacer) ...... más tarde.

365. Futuro simple. Verbos irregulares. Dé la forma apropiada de los siguientes verbos.

1. Nunca (saber) ...... (tú) la verdad.
2. (Yo) no (poder) ...... llevarte a casa.
3. ¿Nos lo (decir) ...... Maruja?
4. (Ustedes) lo (hacer) ...... bien.
5. (Yo) te (querer) ...... siempre.
6. Esta semana (nosotros) no (poder) ...... terminar el trabajo.
7. (Vosotras) lo (saber) ...... el lunes.
8. ¿Quién (hacer) ...... el desayuno hoy?
9. (Ellas) no (querer) ...... venir.
10. ¡Qué (decir) ...... mi novio!

366. Verbos reflexivos. Haga frases.

levantarse	arreglarse
vestirse	cepillarse
acostarse	asustarse
sentarse	encargarse
quitarse	marcharse
ponerse	acercarse

367. Formas *hay ≠ está(n)* contrastadas. Elija la forma correcta.

1. ¿(Hay ≠ está) Luis en Chicago?
2. (Hay ≠ está) un taxi en la parada.
3. ¿(Hay ≠ está) el profesor en clase?
4. En esa familia (hay ≠ están) cuatro mujeres.
5. No (hay ≠ están) árboles en el jardín.
6. (Hay ≠ están) pocas personas en la conferencia.

368. Indefinidos. Use *todo, -a, -os, -as,* según los casos.

1. Vamos allí ...... los jueves.
2. Están ...... enfermas.
3. Conozco ...... su historia.
4. Este niño juega ...... el día.

5. ¿Está ...... el mundo aquí?
6. Lo sabemos ......
7. ¡...... a una!
8. Las quiso a ......

369. **Léxico de aparatos corrientes en el hogar. Dé el nombre correspondiente a cada pregunta.**

1. ¿Cómo se llama el aparato para conservar los alimentos fríos? ~
2. ¿Cómo se llama el aparato para lavar la ropa? ~
3. ¿Cómo se llama el aparato para lavar los platos? ~
4. ¿Cómo se llama el aparato para secar el pelo? ~
5. ¿Cómo se llama el aparato para calentar el agua? ~
6. ¿Cómo se llama el aparato para poner discos? ~
7. ¿Cómo se llama el aparato para ver películas? ~
8. ¿Cómo se llama el aparato para mezclar y triturar alimentos? ~

Apuntes de clase

UNIDAD
54

370. Condicional simple. Formas regulares. Dé la forma apropiada.

1. (Tú) no (entender) . . . . . . eso.
2. ¿Dónde (llevar) . . . . . . (ellos) esos muebles?
3. (Yo) no (subir) en el ascensor.
4. ¿(Jugar) . . . . . . (ustedes) al póquer?
5. (Ella) no te (esperar) . . . . . .
6. (Vosotras-vivir) . . . . . . mejor aquí.
7. (Nosotros-ir) . . . . . . más tarde.
8. ¿(Ella-ligar) . . . . . . el otro día?

371. Condicional simple. Formas irregulares. Dé la forma apropiada de los siguientes verbos.

1. (Yo-tener) . . . . . . miedo.
2. (Ellos-venir) . . . . . . juntos.
3. (Tú-decir) . . . . . . más cosas que yo.
4. ¿(Querer) . . . . . . (usted) ayudarme?
5. (Nosotras) lo (hacer) . . . . . . con interés.
6. (Ellos-poder) . . . . . . ir a la boda.
7. (Yo) no (saber) . . . . . . hacerlo.
8. ¿(Tú) lo (hacer) . . . . . .?

372. Indefinidos. Use *otro, -a, -os, -as,* según los casos.

1. Necesito . . . . . . vestido.
2. Queremos visitar . . . . . . sitios.
3. ¿Dónde hay . . . . . . farmacia?

4. Yo uso ..... diccionario mejor.
5. ..... veces lleva sombrero.
6. Póngame .....

373. Indefinidos. Use las formas *mucho, -a, -os, -as* o *poco, -a, -os, -as,* según el modelo.

MODELO: ¿Tienes *mucho* tiempo libre? ~ No, tengo *poco.*

1. ¿Hay poca gente allí? ~ No, ...
2. ¿Tienen muchos amigos? ~ No, ...
3. ¿Venden (ellas) muchas flores? ~ No, ...
4. ¿Gastan poco dinero? ~ No, ...
5. ¿Vienen pocas veces? ~ No, ...
6. ¿Hay muchos barcos en el puerto? ~ No, ...

374. *Llevar* en expresiones de tiempo. Use la forma apropiada del presente en las siguientes frases.

EJEMPLO: Gladys *lleva* cinco años en España.

1. Magdalena y Rosa ..... un cuarto de hora en el salón.
2. Nosotros ..... una semana en el campo.
3. ¿..... usted mucho rato aquí?
4. Ustedes no ..... mucho tiempo en Barcelona.
5. Tú ..... menos tiempo que yo en esta oficina.
6. Ellos ..... poco tiempo en el extranjero.

375. *Llevar* en expresiones de tiempo. Conteste a las siguientes preguntas con una forma apropiada del verbo *llevar.*

1. ¿Cuánto tiempo lleva usted en España? ~
2. ¿Cuánto tiempo llevabas en la iglesia? ~
3. ¿Cuánto tiempo llevabas en el jardín? ~
4. ¿Cuánto tiempo llevas en este trabajo? ~
5. ¿Cuánto tiempo lleváis aquí? ~
6. ¿Cuánto tiempo llevaban en la estación? ~
7. ¿Cuánto llevas estudiando español? ~
8. ¿Cuánto llevaban esperándonos? ~

376. Léxico de viaje. Rellene los puntos con la palabra apropiada de la columna de la derecha.

1. Los Pirineos forman ...... entre España y Francia.   viaje
2. ¿Os vais mañana? ¡Buen ......!   frontera
3. Tuvimos que esperar en el ...... más de dos horas.   aeropuerto
4. Sacamos un ...... de ida y vuelta.   estación
5. El chico nos subió las ...... a la habitación.   aduana
6. Voy a ...... dos habitaciones en el hotel Miramar.   maletas
7. El tren de Estambul sale de la ...... del Norte.   reservar
8. Tuvimos que abrir todas las maletas en la ......   salida
9. Dejaremos el equipaje en la ......   billete
10. Allí enfrente está la ......   consigna

Apuntes de clase

377. Sustituya las palabras en cursiva por la forma correspondiente del futuro simple para expresar probabilidad en el presente, según el modelo.

MODELO: *Seguramente (probablemente) son* las dos de la tarde. → *Serán* las dos de la tarde.

1. *Seguramente tiene* más de veinte años. →
2. *Probablemente es* rusa. →
3. *Seguramente llegan* en tren. →
4. *Probablemente tiene* usted razón. →
5. *Seguramente son* amigos. →
6. *Probablemente está* embarazada. →
7. *Seguramente lo saben.* →
8. *Probablemente se quieren.* →

378. Conteste a las siguientes preguntas utilizando la misma forma de futuro simple (de probabilidad en el presente) que aparece en la pregunta.

1. ¿Cuántos años tendrá su abuela? ∼
2. ¿Dónde vivirá Carlos ahora? ∼
3. ¿Cómo estará Juan ahora? ∼
4. ¿Con quién saldrá Carmen? ∼
5. ¿Quién será ese hombre? ∼
6. ¿Qué será eso? ∼
7. ¿Quién llamará a la puerta a estas horas? ∼
8. ¿De qué estará hecho este chisme? ∼
9. ¿Para qué servirá ese aparato? ∼
10. ¿Para cuándo lo veremos? ∼

379. **Conteste a las preguntas del ejercicio anterior con una forma de futuro simple (que indica probabilidad en el presente) o con presente de indicativo (que indica certeza). Observe la diferencia.**

EJEMPLO: ¿Cuántos años *tendrá* su abuela? { *Tendrá* 80 años.
{ *Tiene* 80 años.

380. **Deletree estas palabras.**

Constantinopla   Játiva
kilómetro   Buñuel
Burgos   Raquel
llover   examen

381. **Formas *había* ≠ *estaba(n)* contrastadas. Elija la forma correcta.**

1. Anteayer no (había ≠ estaba) aquí.
2. (Había ≠ estaba) un pájaro en el tejado.
3. Ayer (había ≠ estaba) el barco ruso fuera del puerto.
4. No (había ≠ estaban) muchos médicos en el hospital.
5. (Había ≠ estaban) dos pollos en la nevera.
6. A las dos de la mañana todavía (había ≠ estaba) gente en la plaza.
7. (Había ≠ estaba) montones de preguntas.
8. No (había ≠ estaba) remedio para eso.

382. **Ponga la preposición *a* en las siguientes frases (con objeto directo de persona).**

1. No conozco ...... esa señorita.
2. No vi ...... nadie allí.
3. Llevé ...... mi marido al cine.
4. ¿...... quién esperas?
5. ¡No mires así ...... las chicas!
6. Recuerdo muy bien ...... tu padre.

383. Modismos con *dar* y *tomar*. Ponga la expresión más adecuada en forma personal en las siguientes frases.

1. Nos saludamos. Nos ......   dar un paseo
2. Ella le ayudó mucho. Él le ......   dar la mano
3. Ese alumno no ...... en clase.   dar las gracias
4. Ayer (nosotros) ...... por la playa.   dar la enhorabuena
5. Es demasiado inocente. La gente le ......   tomar apuntes
6. Sacó la beca. Le ......   tomar el pelo

Apuntes de clase

384. Sustituya las palabras en cursiva por la forma correspondiente del condicional simple para expresar probabilidad en el pasado, según el modelo.

MODELO: *Seguramente (probablemente) eran* las dos de la tarde. → *Serían* las dos de la tarde.

1. *Seguramente tenía* más de veinte años. →
2. *Probablemente era* rusa. →
3. *Seguramente llegaban* en tren. →
4. *Probablemente tenía* usted razón. →
5. *Seguramente eran* amigos. →
6. *Probablemente estaba* embarazada. →
7. *Seguramente lo sabía.* →
8. *Probablemente se quieren.* →

385. Conteste a las siguientes preguntas utilizando la misma forma del condicional simple (de probabilidad en el pasado) que aparece en la pregunta.

1. ¿Cuántos años tendría su abuela? ~
2. ¿Dónde viviría Carlos entonces? ~
3. ¿Cómo estaría Juan entonces? ~
4. ¿Con quién saldría Carmen entonces? ~
5. ¿Quién sería aquel hombre? ~
6. ¿Qué sería aquello? ~
7. ¿Quién llamaría a la puerta a aquellas horas? ~
8. ¿De qué estaría hecho aquel chisme? ~
9. ¿Para qué serviría ese aparato? ~
10. ¿Con quiénes alternarían? ~

386. Conteste a las preguntas del ejercicio anterior con una forma del condicional simple (que indica probabilidad en el pasado) o con imperfecto (que indica certeza en el pasado). Observe la diferencia.

EJEMPLO: ¿Cuántos años *tendría* su abuela? { *Tendría* 80 años.
{ *Tenía* 80 años.

387. Ponga la preposición *a* donde sea necesaria (con objeto directo de persona o de cosa)

1. No conocía ...... mucha gente allí.
2. Vieron ...... el partido de fútbol.
3. Llevó ...... su amigo al aeropuerto.
4. ¿Esperas ...... noticias de tu familia?
5. ¿Conoces ...... el Museo del Louvre?
6. No recuerda ...... nada.
7. ¡Mira ...... esas flores!
8. Vimos ...... nuestro jefe en la playa.
9. Compramos ...... una casa en el campo.
10. Arreglamos ...... la secadora ayer.

388. Ponga *de* o *por*, según los casos.

1. Son las 8 ...... la mañana.
2. Hago ejercicio ...... la mañana.
3. Cenamos a las 10 ...... la noche.
4. Nos gusta ir a la discoteca ...... la noche.
5. Todos los días tomo café a las 4 ...... la tarde.
6. Me gusta leer un poco ...... la tarde.

389. Silabeo. Separe las siguientes palabras por sílabas.

EJEMPLO: bolígrafo = *bo-lí-gra-fo*.

máquina =
constitución =
Atlántico =
regresar =

instituto =
traducción =
Inglaterra =
diversión =

390. **Verbo** *tardar*. **Conteste a las siguientes preguntas con el verbo** *tardar* **y una expresión de tiempo.**

EJEMPLO: ¿Cuánto tarda el avión de Londres a Nueva York? ~ *Tarda cinco horas.*

1. ¿Cuánto tardó el examen? ~
2. ¿Cuánto tardan tus hijas de casa a la escuela? ~
3. ¿Cuánto tardáis del estadio al hotel? ~
4. ¿Cuánto tarda un taxi al aeropuerto? ~
5. ¿Cuánto tarda el autobús de aquí al centro? ~
6. ¿Cuánto tarda el metro de aquí al museo? ~

Apuntes de clase

391. **Sustituya las formas verbales en cursiva por las correspondientes del imperfecto para expresar acción habitual o repetida en el pasado, según el modelo.**

MODELO: Él *solía acostarse* temprano. → (Él) se *acostaba* temprano.

1. (Ella) *solía ducharse* con agua fría en invierno. →
2. (Ellos) *solían salir* los viernes por la noche. →
3. (Él) *solía afeitarse* por la noche. →
4. (Yo) *solía coger* el autobús 12. →
5. (Nosotros) *solíamos ver* a Ana en el mercado. →
6. (Tú) *solías tomar* una cerveza en ese bar. →

392. **Use el pretérito imperfecto para contestar a las siguientes preguntas.**

1. ¿Estaba Pablo en la conferencia? ~
2. ¿Decías algo? ~
3. ¿Qué hacías en Estados Unidos? ~
4. ¿Nevaba mucho esta mañana? ~
5. ¿A quién esperabas en la estación? ~
6. ¿Le gustaba la tortilla española? ~
7. ¿De quién hablabais? ~
8. ¿Hasta qué hora trabajaban? ~

393. **Dé la forma apropiada del imperfecto de los verbos entre paréntesis en las siguientes frases (contraste imperfecto-presente).**

1. *Antes* (yo-vivir) ...... en Pamplona; *ahora* vivo en Salamanca.
2. *Antes* (ellos-ser) ...... muy pobres; *ahora* tienen mucho dinero.

3. *Entonces* (nosotros-ser) ...... jóvenes; *hoy* somos viejos.
4. *Entonces* (tú-trabajar) ...... mucho; *ahora* no haces nada.
5. *En aquel tiempo* (ella-estar) ...... soltera; *ahora* está divorciada.
6. *Antes* (haber) ...... muro de Berlín; *ahora* no lo hay.
7. *Hace unos años* (ella-fumar) ....; *ahora* ya no fuma.

394. Dé la forma apropiada del imperfecto de los verbos entre paréntesis en las siguientes frases (contraste presente-imperfecto).

1. *Ahora* llueve poco; *antes* (llover) ...... más.
2. *Hoy* (ella) está muy delgada; *entonces* (estar) ...... muy gorda.
3. *En este momento* (yo) lo sé; *antes* no lo (saber) ......
4. *Hoy* (nosotros) tenemos democracia; *antes* (tener) ...... dictadura.
5. *Ya* (tú) hablas bien francés; *antes* no lo (hablar) ......
6. *Ahora* escribo poco; *antes* (escribir) ...... mucho.

395. Dé la forma apropiada del imperfecto en las siguientes oraciones (contraste imperfecto-presente).

1. *Hace tres semanas* (yo-estar) ...... en Méjico; *ahora* estoy en Italia.
2. *Hace veinte años* (ellos-ser) ...... de izquierdas; *hoy* son de derechas.
3. *Hace cinco minutos* (yo-recordar) ...... la fecha; *ahora* no la recuerdo.
4. *Hace tres meses* (ella-trabajar) ...... en Correos; *ahora* trabaja en un banco.
5. *Hace diez años* mucha gente (llevar) ...... corbata; *hoy* poca gente la lleva.
6. *Hace una hora* (llover) ...... mucho; *ahora* hace sol.
7. *Hace cinco minutos* (tú) lo (saber) ......; *ahora* no lo sabes.
8. *Hace diez segundos* (ella-estar) ...... aquí; *ahora* ya no está.

396. Silabeo. Separe las siguientes palabras por sílabas.

excursión =
diecisiete =
presente =
secretaria =
dormitorio =
veintidós =
director =
sinfonía =

397. Fórmula de pregunta *cuántas veces*. Conteste a las siguientes preguntas con un numeral + *vez(ces)*, según el ejemplo.

EJEMPLO: ¿Cuántas veces vas al cine? ~ Voy *tres veces al mes.*

1. ¿Cuántas veces tienes clase de lengua? ~
2. ¿Cuántas veces viene el cartero? ~
3. ¿Cuántas veces compras el periódico? ~
4. ¿Cuántas veces comes al día? ~
5. ¿Cuántas veces se casó tu abuelo? ~
6. ¿Cuántas veces sales por la noche? ~
7. ¿Cuántas veces al día coges el autobús? ~
8. ¿Cuántas veces llamas por teléfono? ~

Apuntes de clase

UNIDAD

58

398. Uso del pretérito indefinido con *durante*. Dé la forma apropiada de los siguientes verbos.

1. (Yo-estar) ...... con él durante diez días.
2. (Él-ser) ...... presidente del gobierno durante cuatro años.
3. (Nosotros-jugar) ...... al póquer durante todo el ·viaje.
4. ¿No la (ver) ...... (vosotras) durante aquel año?
5. (Ellos-ser) ...... novios durante cinco años.
6. (Ellas) sólo (comer) ...... fruta durante dos semanas.
7. Aquel año (estar) ...... nevando durante dos meses seguidos.
8. ¿Durante cuánto tiempo (tú-vivir) ...... allí?

399. Uso del pretérito indefinido con *ayer*. Dé la forma apropiada de los siguientes verbos.

1. Ayer (llover) ...... todo el día.
2. Ayer (yo-dormir) ...... demasiado.
3. Ayer (ser) ...... fiesta.
4. ¿(Ver) ...... (tú) la televisión ayer?
5. Ayer (nosotros-estar) ...... en casa toda la tarde.
6. Ayer no te (duchar) ......
7. Ayer (nosotros-estar) ...... de juerga.
8. Ayer (usted) no (hacer) ...... nada.

400. Use el indefinido para contestar a las siguientes preguntas.

1. ¿Qué hicieron ustedes el verano pasado? ~
2. ¿Dónde compraste esos zapatos? ~

244

3. ¿Cuándo llegaste a Canarias? ~
4. ¿Dijo usted algo? ~
5. ¿Cómo abrió (ella) la puerta? ~
6. ¿Con quién fueron (ellos) a la discoteca? ~
7. ¿Hasta cuándo os quedasteis? ~

401. Dé la forma apropiada del indefinido en las siguientes oraciones (contraste indefinido-imperfecto).

1. *Todas las semanas* íbamos al museo; *aquella semana* (quedarse) ...... en casa.
2. *Todas las navidades* recibíamos «christmas»; *aquella navidad* no (nosotros-recibir) ...... ninguno.
3. *Los sábados* dormíamos la siesta; *ese sábado* no la (dormir) ......
4. *Siempre* hablaban de política; *ese día* (ellos-hablar) ...... de deportes.
5. *Siempre* leía un poco en la cama; *ayer* (ella-dormirse) ...... en seguida.
6. *Todos los días* hacía la cama; *ayer* no la (yo-hacer) ......
7. *Los martes* íbamos al campo; *ése* no (ir) ......

402. Dé la forma correcta del imperfecto o del indefinido en las siguientes frases.

1. (Yo) iba *todos los días* al gimnasio; *ayer* no (ir) ......
2. *Todos los domingos* (ellos-soler) ...... salir; *el domingo pasado* no salieron.
3. *Siempre* (nosotros) pasábamos las vacaciones en la montaña; *el año pasado* (ir) ...... a la playa.
4. (Nosotros) nos (ver) ...... *siempre* en el club; *ese día* nos vimos en el café.
5. *Todas las mañanas* (él) desayunaba en casa; *aquella mañana* (desayunar) ...... en el bar de la Universidad.
6. *Todas las tardes* las señoras (tomar) ...... el té; *esa tarde* no lo tomaron.
7. *Siempre* (ella-llevar) ...... a los niños al colegio; *ayer* no los llevó.

403. Ponga *de* o *por*, según los casos.

1. Mañana ...... la mañana voy al dentista.
2. Mañana te despierto a las 6 ...... la mañana.
3. Hoy ...... la mañana salgo de excursión.
4. Hoy, a las 7 ...... la mañana, salgo de excursión.
5. Los turistas llegan hoy a las 12 ...... de la mañana.
6. Los turistas llegan hoy ...... la tarde.

Apuntes de clase

404. **Participio pasado irregular. Dé los infinitivos correspondientes, según el modelo.**

MODELO: *abierto* → *abrir*.

roto   →
puesto →
vuelto →
escrito →
muerto →
visto   →
hecho →
dicho →
ido   →

405. **Participios irregulares. Conjugue el pretérito perfecto de los siguientes verbos.**

escribir: .... / .... / .... / .... / .... / ....
volver: .... / .... / .... / .... / .... / ....
romper: .... / .... / .... / .... / .... / ....
decir: .... / .... / .... / .... / .... / ....
ir: .... / .... / .... / .... / .... / ....
poner: .... / .... / .... / .... / .... / ....
ver: .... / .... / .... / .... / .... / ....
hacer: .... / .... / .... / .... / .... / ....

406. Participios regulares. Dé la forma apropiada del pretérito perfecto de los siguientes verbos, según el modelo.

MODELO: Este año (yo-vivir) en Alemania. → Este año *he vivido* en Alemania.

1. (Nosotros) nunca (hablar) ...... con ella.
2. Ya (yo-comer) ...... antes en este restaurante.
3. (Usted) no (comprender) ...... la pregunta.
4. El portero me (subir) ...... las cartas.
5. ¿(Preguntar) ...... (vosotras) por mí?
6. El mecánico (arreglar) ...... la moto.
7. (Nosotras-tomar) ...... todos los apuntes.
8. ¿(Tú-llamar) ...... al médico?

407. Participios irregulares. Dé los participios pasados correspondientes a los siguientes infinitivos.

decir →
escribir →
romper →
ver →
morir →
hacer →
abrir →
volver →
poner →
ir →

408. Contraste *ser* ≠ *llegar*. Haga según el modelo.

MODELO: *Es* tarde. → (Yo) *llego* tarde.

1. Era temprano. → (Él) ....
2. Es temprano. → (Tú) ....
3. ¿Es tarde? → ¿(Nosotros) ....?
4. No era tarde. → (Vosotras) no ....
5. Es muy tarde. → (Ellos) ....
6. ¿Es muy temprano? → ¿(Ella) ....?

409. Léxico de alimentos. Coloque una palabra apropiada de la columna de la derecha en las siguientes frases.

1. A Stanley no le gusta el a...... con leche.	arroz
2. Anita prefiere el q...... manchego.	patata
3. En España mucha gente toma ch...... en taza.	queso
4. Cena dos h...... fritos todos los días.	postre
5. Nunca toma p......	chocolate
6. La t...... española tiene p......	tortilla
7. ¡Niño, no comas la c...... con los dedos!	aceite
8. ¿Cómo quiere usted las p......? Las quiero fritas.	salsas
9. A ella no le sienta bien el a...... de oliva.	huevos
10. A vosotras no os gustan las s......	carne

Apuntes de clase

410. Participios irregulares. Dé la forma apropiada del pretérito perfecto de los siguientes verbos.

1. ¿Qué (decir) .... (usted)?
2. ¡Perdón!, (yo-romper) .... la taza.
3. Esta mañana (yo) las (ver) .... en la calle.
4. (Ellos-volver) .... de Francia esta semana.
5. Todavía (ellos) no (abrir) .... las tiendas.
6. ¿Te (poner) .... (tú) la falda nueva alguna vez?
7. ¿Cuándo (ella-irse) .... de compras?
8. (Ellos-hacerse) .... los tontos.

411. Participios irregulares. Dé la forma apropiada del pretérito perfecto de los siguientes verbos.

1. ¿Qué (hacer) .... (tú) hoy?
2. (Ellos) no me (escribir) .... todavía.
3. (Nosotros-ver) .... esa película antes.
4. ¿Enrique, (hacer) .... (tú) el café?
5. En el accidente (morir) .... el conductor del autobús.
6. Ya (volver) .... la primavera.
7. ¿Qué (tú-ponerse) .... esta mañana?
8. ¿(Vosotras) le (decir) .... la verdad?

412. Ponga la forma apropiada del pretérito perfecto de los verbos entre paréntesis en las siguientes oraciones (contraste indefinido-pretérito perfecto).

1. *Ayer* fui al zoo; *esta mañana* (yo-ir) .... al circo.
2. *Ayer* fumaste dos paquetes de cigarrillos; *hoy* sólo (tú-fumar) .... uno.
3. *La semana pasada* salieron mucho; *esta semana* no (salir) .... de casa.
4. *Anoche* llamaron dos veces por teléfono; *esta noche* no (llamar) .... todavía.
5. *El mes pasado* tuvimos tres días de fiesta; *este mes* no (tener) .... ninguna.
6. *El domingo* oímos un concierto de música clásica; *hoy* lo (oír) .... de jazz.
7. *En el año 1989* estuve en Túnez; *éste* (estar) .... en Níger.

413. Ponga la forma apropiada del indefinido de los verbos entre paréntesis en las siguientes oraciones (contraste pretérito perfecto-indefinido).

1. *Esta tarde* he leído las noticias en el periódico; *ayer* las (oír) ...... por la radio.
2. *Este año* has ganado poco; *el año pasado* (tú-ganar) ...... mucho más.
3. *Este fin de semana* nos hemos divertido mucho; *el fin de semana pasado* (divertirse) ...... poco.
4. *Este mes* han tenido muchas visitas; *el mes pasado* (ellos-tener) ...... muy pocas.
5. *Este verano* ha descansado usted mucho; *aquel verano* (usted-cansarse) ...... demasiado.
6. *Este mes* has adelgazado tres kilos; *aquél* sólo (adelgazar) ...... uno.
7. *Esta primavera* ha hecho un tiempo estupendo; *la de 1989* (ser) ...... horrible.

414. *Qué ≠ cuál.* Elija el interrogativo adecuado.

1. ¿...... es tu prima Juana?
2. ¿...... chisme es ése?
3. ¿...... llegó tarde a la charla?

4. ¿...... de ellas sabe tres lenguas?
5. ¿...... es el ligón?
6. ¿...... hace usted, hombre?
7. ¿...... de ellos te parece mejor?
8. ¿...... plato te gusta más?
9. ¿...... de estos postres prefiere usted?
10. ¿...... le has dicho, bribón?

415. Modismos con *hacer*. Rellene los puntos con la expresión más adecuada en forma personal de la columna de la derecha.

1. Los alumnos ......; el profesor las contesta.	hacer preguntas
2. Voy al mercado. Tengo que	hacer caso
3. Ayer (yo) ...... de gramática.	hacer un examen
4. Se lo dije. Él no me	hacer la cama
5. Quiero acostarme. Hay que	hacer la compra
6. Tengo hambre. Hay que	hacer la comida

Apuntes de clase

índice
alfabético
de conceptos

Acentuación, 164, 208.
Adjetivo calificativo:
— morfología: 79, 87, 96, 150, 279, 290.
— sintaxis: 113, 120, 128, 301, 309, 316, 319. (Véase léxico.)
Alguien ≠ nadie, 247.
Algo ≠ nada, 234.
Artículo (determinado, indeterminado), 20, 27, 28, 35, 39, 44, 58, 73, 94, 105, 145, 149, 292, 304, 311.
— *contracción,* 97, 266, 315.

Bastante(s), 265.

Comparación, 113, 120, 128, 301, 309, 316.
Condicional simple:
— *morfología* (verbos regulares), 210, 370.
        (verbos irregulares), 211, 212, 213, 371.
— *sintaxis* (probabilidad), 384, 385, 386.

Deletreo, 380.
Demasiado(s), 360.
Demostrativos (adjetivos y pronombres), 40, 45, 52, 59, 65, 71, 78, 90, 280, 287, 326, 334, 341, 352.
Doler, 348.

Estar:
— *morfología,* 24, 25, 26, 31, 32, 33, 34, 37, 38, 167, 168, 255, 256, 257, 258, 259, 318, 328, 329.
Exclamaciones, 67, 242, 253, 254, 267, 268, 342, 355.
Expresión de la hora, 91, 98.

Fórmulas de cortesía, 5, 17.
Fórmulas interrogativas:
— *¿A qué hora ......?,* 171.
— *¿Cada cuánto ......?,* 206, 207.

NOTA: Los números se refieren a los ejercicios.

— *¿Cómo es (son)* ......?, 201, 334.
— *¿Cómo le va* ......?, 201, 222.
— *¿Cómo se llama* ......?, 178, 369.
— *¿Cómo se va* ......?, 248.
— *¿Con qué* ......?, 159, 172.
— *¿Cuál* ......?, 153, 227, 231.
— *¿Cuándo* ......?, 158, 168.
— *¿Cuántas veces* ......?, 397.
— *¿Cuánto* ......?, 122, 206, 375, 390, 397.
— *¿Cuántos años* ......?, 187.
— *¿De dónde* ......?, 240, 246, 341.
— *¿De qué* ......?, 237, 249.
— *¿De quién* ......?, 233.
— *¿Desde cuándo* ......?, 206, 207.
— *¿Dónde está* ......?, 31, 46, 82.
— *¿En qué* ...... *cae* ......?, 151, 158.
— *¿En qué* ......?, 255.
— *¿Hasta cuándo* ......?, 206, 207.
— *¿Para qué sirve* ......?, 74, 200, 214.
— *¿Por dónde* ......?, 221.
— *¿Por qué* ......?, *—Porque* ......, 54, 180.
— *¿Qué* ......?, 153, 163, 226, 227, 334, 348.
— *miscelánea,* 207, 378, 397.

Futuro simple:
— *morfología* (verbos regulares), 202, 263.
        (verbos irregulares), 203, 204, 205, 364, 365.
— *sintaxis* (probabilidad), 377, 378, 379.

Género:
— *sustantivos,* 4, 9, 15, 20, 27, 57, 73, 94, 103, 105, 278, 286, 292, 304, 311.
— *adjetivos,* 40, 45, 52, 59, 65, 71, 79, 87, 96, 104, 112, 150, 279, 290.

Gustar, 287, 295, 352.

Haber, 93, 216, 217.
Haber ≠ estar (sintaxis), 367, 381.
Haber que + infinitivo, 356, 357.
Haber que ≠ tener que, 359.
Hacer + expresión de tiempo, 395.
Hacer ≠ tener (sintaxis), 361.

Imperativo:
— *morfología* (verbos regulares), 100, 101, 102, 108, 109, 110, 116, 117, 118, 306.
        (verbos de irregularidad común), 124, 125, 131, 132, 307.
        (verbos de debilitación vocálica), 139, 140, 307.
        (vebos de cambio ortográfico), 141, 308.
        (verbos de irregularidad propia), 147, 148, 156, 312, 313.

Indefinidos (adjetivos y pronombres), 234, 241, 247, 265, 368, 372, 373, 360.
Infinitivo, 200, 243, 244.
Ir a+infinitivo, 154, 155, 320, 321.

Jugar a, 315.

Léxico:
— *Alimentos, bebidas y condimentos,* 22, 30, 409.
— *Animales domésticos,* 123.
— *Antónimos de adjetivos,* 107, 293, 319.
— *Antónimos de adverbios y preposiciones,* 297.
— *Artículos de aseo personal,* 172.
— *Aparatos del hogar,* 369.
— *Colores,* 36.
— *Comidas del día,* 229.
— *Días de la semana,* 163.
— *Expresión de la edad,* 187.
— *Expresión de la hora,* 91, 98.
— *Expresión del tiempo,* 155.
— *Fórmulas de cortesía,* 5, 17.
— *Fórmulas interrogativas,* 207.
— *Habitaciones de la casa,* 165.
— *Juegos y deportes,* 315.
— *Léxico adjetival,* 201, 228, 249, 279, 290, 293, 319.
— *Léxico verbal,* 200, 214, 243, 262.
— *Medios e instrumentos varios,* 159.
— *Medios de transporte,* 248.
— *Meses y estaciones del año,* 41, 47.
— *Monedas,* 223, 261.
— *Nombres de lenguas,* 153.
— *Nombres de parentesco,* 187.
— *Nombres de países, ciudades y habitantes,* 11, 23, 194, 240, 246, 255.
— *Oficios, profesiones y religión,* 224, 225, 230.
— *Partes del cuerpo,* 348.
— *Pesos y medidas,* 106, 122.
— *Prendas de vestir,* 99.
— *Sustantivos correspondientes a verbos,* 327.
— *Tiendas y establecimientos públicos,* 130, 221.
— *Verbos correspondientes a sustantivos,* 362.
— *Viajes,* 376.

Llevar (en expresiones de tiempo), 374, 375.

Modismos verbales:
— **Tener,** 53, 54, 179, 180, 187, 361.
— **Hacer,** 361, 414.
— **Dar,** 383.

— **Tomar,** 383.
— **Ser,** 271, 408.
— **Llegar,** 271, 408.
— *varios,* 235, 305.

Mucho(s) ≠ poco(s), 373.

Numerales (cardinales, ordinales y partitivos), 10, 16, 21, 29, 66, 72, 80, 81, 91, 98, 106, 134, 135, 136, 142, 144, 152, 186, 193.
Número gramatical:
— *sustantivos,* 28, 35, 39, 40, 44, 58, 126, 314.
— *adjetivos,* 45, 52, 59, 65, 79, 104, 112, 119.

Operaciones aritméticas, 193.
Otro(s), 372.

Participio pasado:
— *morfología* (verbos regulares), 218, 219, 406.
    (verbos irregulares), 404, 405, 407, 410, 411.

Posesivos (adjetivos y pronombres), 86, 95, 104, 112, 119, 127, 133, 143, 281, 288, 289, 296, 302, 340.
Preposiciones, 97, 266, 382, 387, 388, 403.
Presente de indicativo:
— *morfología* (verbos regulares), 48, 49, 50, 51, 55, 56.
    (verbos de irregularidad común), 62, 63, 64, 68, 69, 275, 276, 291.
    (verbos de cambio ortográfico), 70, 75, 76, 283, 284, 285, 298.
    (verbos de debilitación vocálica), 277.
    (verbo **jugar**), 77.
    (verbos de irregularidad propia), 83, 84, 85, 92, 299, 300.
— *sintaxis,* 393, 394, 395.
Pretérito imperfecto:
— *morfología* (verbos regulares), 189, 190, 191, 192.
    (verbos irregulares: **ser**), 195, 198, 199.
    (verbos irregulares: **ver**), 196, 198, 199.
    (verbos irregulares: **ir**), 197, 198, 199.
— *sintaxis,* 391, 392, 393, 394, 395, 401, 402.
Pretérito indefinido:
— *morfología* (verbos regulares), 173, 174, 175.
    (verbos de cambio ortográfico), 337, 338, 343, 344, 349, 350, 351.
    (verbos de debilitación vocálica), 335, 336, 338.
    (verbos de irregularidad propia), 181, 182, 183, 184, 185, 188.
    (verbo **ser**), 160, 161, 162, 166.
    (verbo **estar**), 167, 168, 328, 329.
    (casos especiales), 398, 399, 400.
— *sintaxis,* 401, 402, 412, 413.

Pretérito perfecto:
— *morfología* (verbos regulares), 220.
　　　(verbos irregulares), 405, 406, 410, 411.
— *sintaxis,* 412, 413.
Pronombres interrogativos, 206, 207. (Véase fórmulas interrogativas.)
Pronombres personales:
— *sujeto,* 3, 6, 88, 89.
— *objeto,* 88, 89, 294, 295, 303, 310, 317, 322, 323, 324, 330, 332, 333, 339, 345, 353, 354.
— *pleonásticos* (redundantes), 111.

Qué ≠ cuál, 153, 226, 227, 414.
Qué (exclamativo), 242, 342, 355.

Reflexivos (verbos), 169, 170, 171, 177, 178, 325, 366.
Reflexivos (pronombres), 169, 170, 171.

Ser:
— *morfología* (presente), 1, 2, 3, 6, 7, 8, 12, 13, 14, 18, 19.
　　　(infefinido), 160, 161, 162, 166.
　　　(imperfecto), 195, 198, 199.
— *morfosintaxis,* 193, 224, 225, 226, 227, 230, 231, 232, 233, 236, 237, 238, 239, 240, 243, 244, 245, 246, 249, 250.
Ser ≠ estar (sintaxis), 262, 263, 264, 269, 270.
Ser ≠ llegar (sintaxis), 271, 408.
Siempre ≠ nunca, 252, 260.
Silabeo, 389, 396.
Sobrar ≠ faltar ≠ quedar, 331.
Soler, 391.

También ≠ tampoco, 346, 347.
Tardar, 390.
Tener que + infinitivo, 358, 359.
Todo(s), 368.

CURSO INTENSIVO DE ESPAÑOL

Gramática (Fernández, Fente, Siles). Madrid, 1990. (Nueva edición) 272 páginas.

EJERCICIOS PRÁCTICOS

Niveles de **iniciación** y elemental (Fernández, Fente, Siles). Madrid, 1990. (Edición renovada) 264 páginas.

Clave y guía didáctica.

Niveles elemental e **intermedio** (Fernández, Fente, Siles). Madrid, 1990. (Edición renovada) 256 páginas.

Clave y guía didáctica.

Niveles intermedio y **superior** (Fernández, Fente, Siles). Madrid, 1990. (Edición renovada) 288 páginas.

Clave y guía didáctica.